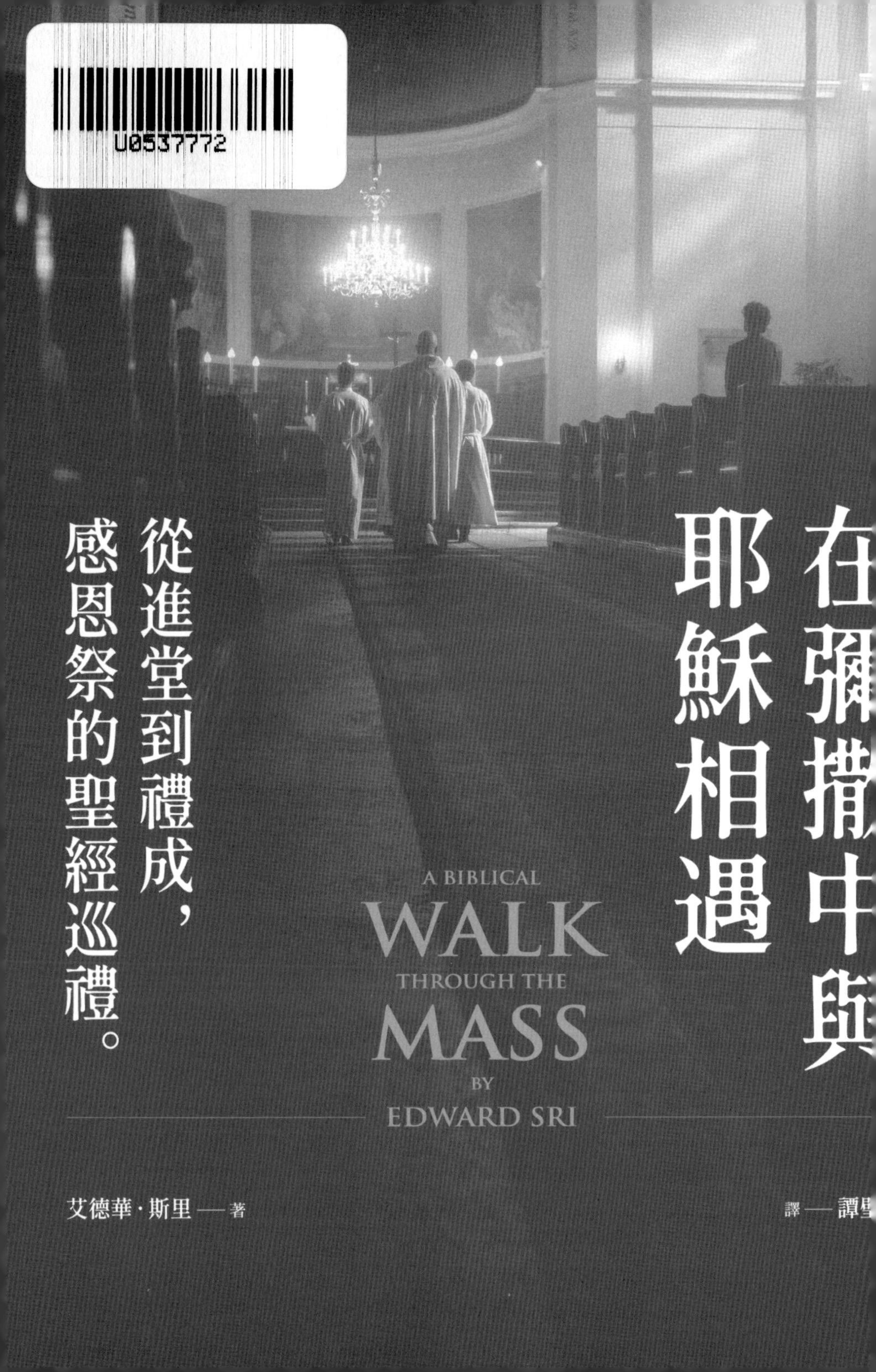

在彌撒中與耶穌相遇

從進堂到禮成，感恩祭的聖經巡禮。

A BIBLICAL WALK THROUGH THE MASS

BY EDWARD SRI

艾德華·斯里——著

譯——譚

目錄 CONTENT

Part 3
聖道禮儀

Part 4
聖祭禮儀：準備禮品

Part 5
聖祭禮儀：感恩經

好評推薦

（順序依姓氏筆畫排列）

李克勉——天主教會台灣地區主教團主席

彌撒是天主父為我們每一個人準備的豐盛瓊筵，使我們得以享用天上神糧，以祂子女的身分而永生。所謂觀水有術，必觀其瀾，面對天主的盛筵，如果只是坐在席間而不識其精華，豈不是入寶山而空手回，白白浪費主基督的邀請？透過本書，讓我們有機會反思自己對彌撒的理解及認識，更有助於我們以更加相襯合宜的理解及態度，親近天主的至聖奧蹟。願我們更加努力認識上主，祂定會像曙光一樣，來到我們中間（歐瑟亞6章3節）。

呂晶器——台南聖心堂主任神父

從小到大，每天都在聖母像前唸晚課，那時是唸文言文的禱文。那時的我，嘴巴在唸，但不知道所唸經文的意義。聖母經中的「主與爾偕焉」，到了長大之後才知道是「主與妳同在」。

每個主日都參加彌撒。對彌撒的程序，可以說是滾瓜爛熟。但是唸什麼？在回應什麼？裡面的意義又是什麼？彌撒結束後，只是滿全了教友的本分。那時是「知其然，而不知其所以然」。

這本書十分幫助讀者了解彌撒的意義。本書分二十六個主題，從進堂劃聖號到「彌撒禮成」，清晰地說明彌撒聖祭禮儀的每一小部分——經文和禮儀——都與猶太傳統和福音的關連，又有教父的詮釋。閱讀之後，彌撒聖祭不再枯燥乏味，除了明白禮儀的豐富內涵，這樣在參加彌撒時更明白內裡的意思，更處處遇到耶穌的臨在，並發現祂都在和我們說話。我們更能全心回應，並明白回應的意義。這樣我們在彌撒中更能全心投入，並體現禮儀的「聖」和「美」。

林之鼎 —— 輔仁大學校牧、台北總教區神父

我有幸身為神父每天奉獻彌撒，也自然每天就沉浸在禮儀中，更以主禮者的身分直接從中獲得好多靈性與生活上的光照、鼓勵與助祐，這使我非常感恩。多少次我是多麼希望參禮的人們也能從主所賜與我的角度，深刻體會到本書的介紹與解說所分享給我們的。書中扉頁所帶來的自然省思，如此自然地使我們與主相遇了，那是多麼恬靜美好、又是多麼生動有力！

我期待與教友們分享本書，更期待和每一位有緣人分享與耶穌活生生的相遇！

林思伶——靜宜大學校長

彌撒是祭獻與共融，而其核心是聖體聖事！在全世界每日的彌撒參與中，我們「回應」耶穌和我們相遇的渴望與邀請，我們「相信」耶穌當下臨在聖體聖事的奧秘，在彌撒領聖體後，我們成了活生生的聖體櫃……感謝這本書，為我再度開啟彌撒的神聖與真實！強烈推薦！

陳建仁——前副總統、中研院院士

在年輕的時候，我常常取笑自己是天主教的CEO（Christmas and Easter Only）或主日教友，只會　加聖誕節、復活節或星期日的彌撒。

從二〇一六年一月當選副總統以後，我開始每天參加彌撒，為風調雨順、國泰民安、地球永續、世界和平祈禱。在彌撒中，我向天主懺悔認罪、祈求垂憐寬恕、重新與主和好、領受天主聖言、歌頌讚美天主、聆聽神父講道、宣認聖三信仰、祝聖聖體聖血、教友互祝平安、恭領天主聖體、謝主進入我心，然後平安喜樂地與天主同在，共度美好的一天！

這本《在彌撒中與耶穌相遇》，很詳細敘述彌撒禮儀的聖經教義，以及教友與天主齊聚共融的平安喜樂。既適合一般民眾、慕道班朋友作為入門必讀好書，也適合初領聖體教友用來堅振信仰，更適合資深教友用來筏向信仰的深處！

裴育聖 —— 古亭耶穌聖心堂主任神父

回想我從八歲到現在，幾乎每天都參與彌撒，甚至一天參加兩台彌撒。目前身為司鐸，我真的懺悔說我並沒有完全瞭解彌撒中每個細節的言語和動作。我心中感謝讚美天主賜予作者艾德華．斯里寫這本書。

這本很棒的書使我更深入理解彌撒的意義，並且指導我每次舉行彌撒時，使我更體驗到天主聖三的臨在，同時在感恩經中體驗到教會的相同（天上的教會、淨化的教會和旅途中的教會）。更觸動我心的是高舉起聖體時，我看到聖體已經擘開，讓我想起耶穌被高舉在十字架上奉獻祂的生命來拯救世人，賜予我們祂的正能量。

我熱烈地推薦這本書給教友，請大家仔細閱讀及建立讀書會，並更有意義地體驗到參加彌撒就是沐浴在天主聖三的生命和恩寵中。彌撒就是基督徒生命的正能量！

葉榮福 —— 輔大全人教育中心兼任講師

記得在小學時，每個星期天都得跟著爸媽上教堂，「望」著神父做彌撒，因為完全聽不懂拉丁文，曾問過爸媽：「為什麼彌撒不可以做成電影，在家看就好了？」沒想到在Covid肆虐全球時竟一語成讖，也因為這樣，有了比較後，才開始體會到「參與彌撒」的可貴！

擁有超過一甲子「參與彌撒」的經驗，有感動過、歡笑過、哀傷過、悲痛過，也有小睡過、呆坐過、魂遊過、偷懶過，至今仍在問：「什麼是彌撒？」

也許正如書中所說，參與彌撒是聽天主對我們說話，所以我還是不斷地在問：「今天祢要在這感恩慶典中告訴我什麼？」

鍾安住 ——天主教台北總教區總主教

天主教會的一大瑰寶便是「感恩聖祭」，它莊嚴、隆重、繁瑣又美麗，過程中的每一次站立、跪下，主禮的禱詞、動作，背後都具有深遠的意涵，最重要的就是耶穌基督在每一台彌撒當中親自臨於我們。

遺憾的是，多數的教友無從得知彌撒禮儀的意義，僅止於形式上的參與，機械式的誦答起坐；然，此書拆解了禮儀中的每一個環節，以深入淺出的方式闡明感恩聖祭的奧義，我期盼大家能閱讀此書，徜徉在基督奧妙的愛及美好的知識當中，在每一台彌撒中真實地領受這份超性的恩寵。

推薦序

一切力量的泉源

天主教台南教區榮休主教
李若望

讚美感謝天主，藉由天主教平信徒艾德華・斯里（Edward Sri）教授以神學家、教理講師的角色，採取平宜近人的書寫方式，為非天主教徒解開「彌撒」面紗，也提供給不瞭解其核心價值與意義，只是習慣性地參與彌撒或是不知該如何向非天主教徒者分享彌撒內涵的教友一個很棒的參考書籍。

每個宗教皆有其最神聖崇高的典禮儀式，天主教會亦不例外。天主教是一神論宗教，相信整個宇宙，包含我們人世間只有一位真神；而這位神（GOD），以「天主」稱呼。而「天主」這二字的中文從何而來？明朝末年，羅馬公教（The Roman Catholic Church）耶穌會會士將其教義傳入中國，經當朝禮部尚書徐光啟先生與耶穌會士利瑪竇神父等會士討論，即從儒學經典《周禮》取「至高莫若天、至尊莫若主」最後二字為對宇宙唯一真神的稱呼。而這位「天主」是創造、救贖及聖化的根本，並以聖父、聖子、聖神（聖靈）三位（位格）一體（天主）的方式於人類中呈現，這是其他非基督宗教或民間信仰所不具備的。

天主教歷經聖經的舊約（耶穌誕生前）與新約（耶穌誕生後）的時期（救恩史）及後世千百年的時光，不斷地找尋資料、宗徒及教會的口傳歷史，透過教會不同類別的專家學者，召開過無數的大小會議，確定了今日「彌撒」的樣貌；這本書將幫助我們得到一些資訊。

天主教會宗教儀式上的層級大致有兩種定位：一是「禮儀」；另一則是「熱心善功」（禮節）。崇高的儀式為「禮儀」，一般的儀式為「熱心善功」（禮節）。參與「禮儀」者為領洗進教之教友，或即將進教之慕道友；「熱心善功」（禮節）是一般非天主教徒皆可參與的。此書所談論的「彌撒」即是天主教儀式中最崇高的「禮儀」，且是信仰行動的核心，是「天人合一」的極致展現；特別是聖體聖事（感恩祭——彌撒）。

天主教會梵蒂岡第二屆大公會議中之禮儀憲章，開宗明義就闡述教會禮儀的核心本質：「藉着禮儀，尤其在感恩聖祭中，『履行我們得救的工程』，因此禮儀最足以使信友以生活表達基督的奧蹟和真教會的純正本質，並昭示給他人。」（禮儀憲章2節）「他們以全部禮儀生活所集中的祭獻與聖事，來實行他們所宣講的救世工程。於是，人們藉着洗禮加入 基督的逾越奧蹟，與基督同死、同葬、同復活……教會迄未放棄聚會，舉行逾越奧蹟：即宣讀『全部經書中關於祂的』（路24:41~47）一切，舉行感恩禮，藉以『顯示對祂死亡的勝利凱旋。』同時，在基督內，感謝『天主莫可名言的恩賜』（格後9:15），因聖神的德能，『頌揚他的光榮』（弗1:12）。」（禮儀憲章6節）「讓信眾藉參與禮儀，體現基督常與其教會同在。在彌撒聖祭中臨在司祭之身，臨在於聖體形象之內，臨在於自己的言語內。因而在教會內恭讀聖經，實為基督親自發言；也臨在於教會在祈禱歌頌時。」（禮儀憲章7節）

由以上所列舉出的禮儀憲章部分小節的論述中，得知若天主教會沒有了「彌撒」這核心的禮儀，就如身體沒有了心臟一般。「彌撒」是耶穌「與我們天天在一起」（瑪竇福音28:16~20），天父愛我們的具體承諾展現；是我們能「住在祂主內、祂也住在我們內」（若望福音15:1~8，葡萄樹的比喻）的實踐；更是確認了我們與天主的歃血為盟的關係（若望福音6:53~57）；是崇高的天主性屈尊就卑取了我們人性，讓我們也能分享基督天主性的至尊奧蹟。

「禮儀是教會行動所趨向的頂峰，同時也是教會一切力量的泉源。因為傳教工作所指向的目的，就是使所有的人藉信德及洗禮，成為天主的兒女，集合起來，在教會中讚美天主、參與祭獻、共饗主的晚餐。反之，禮儀本身促使信友，在飽嘗逾越奧蹟之後，虔誠合作；禮儀是在祈求，使信友『在生活中實踐他們以信德所領受的』，在聖體中，重訂天主與人類的盟約，推動信友燃起基督的迫切愛德。所以，從禮儀中，尤其從聖體中，就如從泉源裏，為我們流出恩寵，並以極大的效力，得以使人在基督內聖化、使天主受光榮，這正是教會其他一切工作所追求的目的。」（禮儀憲章10節）

禮儀憲章論及「彌撒及逾越奧蹟」時，這樣說道：「我們的救主，在祂被出賣的那一夜，在至聖晚餐中，建立了祂的體血感恩祭獻，藉以永留十字架的祭獻於後世，直到祂再度來臨，並把祂死亡復活的記念，託付給親愛的淨配——教會。這是仁愛的聖事、統一的象徵、愛德的聯繫、逾越宴會，在此以基督為食物，心靈充滿恩寵，賜給我們將來榮福的保證。」（禮儀憲章47節）

西元二〇〇〇年出版的《羅馬彌撒經書總論》表明：「彌撒聖祭，是天主在基督內聖化世界的高峰，也是人們在聖神內，藉聖子基督朝拜天主聖父的敬禮高峰。此外，救贖奧蹟循著禮儀周年為期的紀念，在彌撒聖祭中活現在我們眼前。其他所有禮儀行動，和信友生活的一切，都與彌撒聖祭有關，由此發源，並歸宗於此。」（總論16節）

天主教徒不能沒有彌撒，但應「知其然，知其所以然」，所以對於彌撒的了解及參與彌撒的準備與態度極為重要。參與彌撒，應具備渴望、謙卑、悔改、認罪、讚美、感恩、分享等態度；以罪人之軀上教堂「罪人上教堂、聖人上天堂」。在彌撒中參與聖言的宴席，接著是聖祭的宴席；「道成肉身」即在這過程裡呈現。我們是有福的。「為獲得圓滿的實效，信友必須以純正的心靈準備，去接近禮儀，又要心口如一，並與上天恩寵合作，以免白受天主的恩寵。所以，牧靈者應該注意，使在禮儀行為中，不僅為有效及合法舉行前遵守法律，而且要使信友有意識地、主動地、實惠地參與禮儀。」（禮儀憲章11節）

推薦序

在主基督內合一共融

天主教台南教區主教
黃敏正

教會的常用禮儀經文中，只有「阿們」、「阿肋路亞」和「彌撒」這三個字是音譯，沒有將字義翻譯出來。依維基百科解釋：彌撒又稱聖祭、感恩祭，是與羅馬教廷完全共融的聖餐禮。彌撒的拉丁文是*Missa*，有解散之意，表達遣散信眾，賦予信眾外出傳揚福音的使命。

「整台彌撒都浸潤在聖經的章節中……在彌撒的每個祈禱、符號和儀式中，聖經都在向我們發出呼召。」（第27頁）如書中所言，我們的信仰及彌撒的禮儀經文都根基於聖經，我們理當忠於聖經。但若以忠於聖經原文來說，我想提出一點：本書提及「當我們去參與彌撒時，我們是真正走向加爾瓦略山」（第35頁），「加爾瓦略山」是一個我們常掛在口中的地名，大家都懂加耳瓦略是耶穌被釘的地方，但翻遍福音卻找不到「加爾瓦略」，也沒稱那地方是「山」，實際上福音記載的是「哥耳哥達地方」（瑪27:33；谷15:22）或是「髑髏的地方」（路23:33；若19:17）。

另外，按福音記載，無法分辨侮辱耶穌的是左盜或右盜，只知「懸掛著的凶犯中，有一個侮辱耶穌」（路23:39）。同樣，按舊約記載，亞巴郎是「萬民之父」（創17:4,5），但從未出現「信德之父」的稱謂。以上都是我們時常聽到、但其實聖經中並沒有實際提及的詞語。

耶穌基督的三大奧蹟是祂的出生、死亡和聖體，彌撒完全表彰此三大奧蹟：

1. 耶穌的出生是厄瑪奴耳的奧蹟，「意思是天主與我們同在」（瑪1:23），在彌撒中主耶穌與教會同在。
2. 耶穌的死亡是逾越奧蹟，這奧蹟是彌撒的高峰和核心，彌撒就是耶穌的全燔祭獻。
3. 聖體聖事是餵養的奧蹟，耶穌以自己的體血滋養信眾的超性生命，使領受者在主內合而為一。

作者以聖經來解說彌撒的二十六個部分，值得設身處地來懂悟彌撒各部分的奧義。彌撒可簡要分為五大部分，除了進堂禮儀（進堂式）和結束禮儀（禮成式）外，中間有聖道禮儀、聖祭禮儀和共融禮儀（領聖體禮）。共融禮儀從〈天主經〉開始至〈領聖體後經〉結束。作者採用絕大多數人的認知，以七個祈求來解釋〈天主經〉（見220頁至223頁）。然而，如果是祈求，應該置於信友禱詞中，〈天主經〉卻是置於共融禮儀的一開始，所以更好的是從歸屬與合一的精神來理解。前四項是積極的天國面貌，後三項是避免阻礙歸屬的惡。

萬分喜樂此書的中文版問世，期盼華人詳加閱讀，提升信仰生命，確實在主基督內合一共融。

推薦序

愛的盛宴

天主教台北總教區
教理推廣中心

壯大的盛宴能使每一位參與者感到殊榮！打開本書，便能立即感受到被作者邀請參加一場天國的盛宴，當中充滿了奇珍異寶！在作者用心地引領下，盼能使讀者開啟如孩童般純然開放的心，在專注聆聽、細心觀看中體會到一個天上人間的真正美宴——彌撒聖祭！一如聖經所言：「你們若不變成如同小孩一樣，你們決不能進天國。」（瑪18:3）

作者細心地以聖經為架構，不急不徐地帶領讀者逐字逐句去重新認識、體會彌撒聖祭的奧妙。如「在呈獻禮品時，天主給予我們每人機會，將自己的心智和靈魂當成愛的禮物，獻給祂。你要在每台彌撒中，將你的心、你全部的生命與奉獻禮品結合，一起奉獻給天主嗎？」（P.156）這樣的靈思慧語總是適時躍然紙上，不著痕跡地助人省思，這是閱讀本書的異寶之一！我們只需帶著赤子之心，進入作者講述的內容，讓聖神引導閱讀的步調，必能在字裡行間中划向生命深處，重新反省自己的信仰靈修生活，更新與天主的親密關係！

在章章精彩、引人入勝的內容中，最令人感動的是作者對「聖祭禮儀」的說明——禮儀自「呈獻餅酒」起即開始進入彌撒聖祭的高峰。文中說明從「進堂式」身心靈的洗滌到「聖道禮儀」接受天主話語的浸潤，信友的心靈因著「天主聖言」而火熱，有如厄瑪烏門徒的感受：「我們的心不是火熱的嗎？」（路24:32）進而等待著隨同主祭共融於主耶穌的聖體聖事內！「呈獻餅酒」是與主耶穌基督結為一體的開始，我們有如孩子般在享用大餐前仔細地聆聽及準備，興高采烈又滿心期待地坐在餐桌前，安靜地等候、觀看著即將擺上餐桌的豐美佳餚。

另有一段令人回味再三的話：「儘管這微小奉獻的本身並不重要，但賦予它們巨大價值的，是我們放入其中的愛，以及我們將自己貧窮的禮物與基督完滿的祭獻結合為一的事實。」（P.160）這讓我們體會到，將餅酒呈獻到祭台時，餅酒不只代表努力生活的所得，還包含承認我們的卑微及軟弱。因為所有的一切皆來自於天主，而我們所獻上的禮品在天主創造的萬物中又是那麼微不足道，天主卻不僅接納，更願意藉此與我們合而為一。

當我們認清這一點時，便能謙遜地承認自己的渺小，及渴望將生活的全部帶到主前與祂分享的心意，這飽含了愛情的「自我奉獻」。就像小孩將自己親手做的勞作，毫無保留地與他最愛、最信賴的父母分享，這小小的作品蘊含了他善用天主所賜的塔冷通（talent），專注努力，即使經歷失敗仍堅持完成的過程，可想父母收到禮物時的心情？必是寬慰欣喜的，將回以孩子大大的擁抱！天主更是如此，因為在天主眼中，不單單悅納這份愛的禮物，更在禮物中注入了無限的愛情，以無可言喻的方式——聖體聖事——來愛我們！

接下來主祭的每個舉動、每句禱詞，及信友們的應答，都逐步地登上「感恩聖祭」的最高峰！作者提醒我們，此時此刻「感恩聖祭」的參與者，正與舊約時期上主的選民連結在一起，也與天上所有聖人們相連結，偕同普世教會攜手舉心向上。

此時此刻，在天主的奧蹟內沒有時間與空間的隔閡，所有的天主子民一同朝拜至聖的主，同心合意與天使們齊聲讚頌：「聖、聖、聖……上主萬有的主！祢的光榮充滿天地……」從亙古直到世世代代，賜與屬於祂、願意親近祂的人禮物——**祂自己**！

祂到底愛我們有多深呢？主耶穌為了救贖在罪惡中的人們，甘願自我祭獻，然而，祂的愛僅只於此嗎？作者再一次帶我們進入更深的體悟：「在基督完全自我奉獻的愛中，與祂更深地結合。」（P198）「在每台彌撒中，我們有獨特的機會，以聖事性的方式進入與聖子的親密之中，祂將自己作為愛的禮物獻給天父……祂在十字架上的死亡。在彌撒中，我們可以將自己一切的喜樂和痛苦，與耶穌的祭獻一起獻給天父，如此，我們將自己的生命當成禮物，獻給天父。」（P.198）

耶穌當我們是朋友[1]、稱我們為兄弟[2]，祂的**阿爸是我們的天父**，祂所擁有的也分享給我們！祂不要任何阻隔地與我們緊密在一起，祂願時時刻刻與我們相融，只有因著祂、藉著祂、與祂合一，才能得享天主愛中真正圓滿永恆不變的幸福！因此餅酒成了祂自己，進入每一個人的生命中，無論男女老幼、貧富貴賤、健康或疾病……祂不願失去任何一個！這世間有怎樣的愛能比得上？就算是戀人也無法像祂愛得如此迫切、愛得這般無我，就算是親生父母也無法給得如此毫無保留！

1 參若望福音15章15節。
2 參希伯來書2章11節。

祂無盡的愛飽含平安、富足、智慧、幸福、勇氣……所有美好的一切，祂都給了我們，成為生命的養分。儘管我們常常忘記祂是生命的源泉，但祂仍然給、不停地給！「感恩聖祭」就是這無盡給予的最大證明！祂明瞭生活使人疲累，祂知曉人性的軟弱無力，只有祂的愛才能使枯萎的生命重新得到滋養，充滿生氣繼續向前。祂溫柔真摯地邀請我們，來到祂的餐桌前與祂同桌共飲，與祂在永恆的愛宴中領受早已為我們備妥的超級禮物！

在引人入「聖」的閱讀中，常會對參與彌撒聖祭的態度與意義帶來更深的反省；也總能在作者的引領下，對於整個彌撒過程，呈現出天主自創世以來蘊含的美善計畫而讚嘆不已！真心推薦給每一位渴望「天人合一」的朋友們，這是一本能讓人心「火熱」的書，更是一本在福傳、牧靈、教理工作上不可錯過的靈修書。相信讀完本書之後，您必對「感恩聖祭」有更深的愛慕，同時也能成為您服務的最佳資源，幫助所有參與彌撒聖祭的人，以正確的態度去準備並參與「感恩聖祭」，好能領受基督聖體。

「上主，求賜我們一顆純潔的心，以迎接我們所領受的神糧，使這暫世的飲食成為永生的良藥。」[3]當彌撒結束，我們便充滿天主愛的能量，滿懷信心跨步向前，因為我們有如聖母瑪利亞帶著耶穌上路。[4]當主祭說「彌撒禮成」，我們就可以喜樂地「去傳播福音吧」！

寫於九月五日

聖女德蕾莎姆姆主保日

3 參《感恩祭典》括弧第76頁。

4 參路加福音1章39至44節「瑪利亞拜訪表姊依撒伯爾」。

給　我兒卡爾

前言

從三萬英尺高空俯瞰彌撒

我永遠忘不了在飛機上一段有關彌撒的對話。坐在我旁邊的是一位正在閱讀聖經的中年婦人。出於對她熱愛聖經的好奇，我轉身向她，並問她是不是基督徒。她以濃厚的美國南方口音回答說：「是的。我是五旬教會的信友。你也是基督徒嗎？」

我熱誠地回答說：「是的。我是天主教徒。」

對此回答，我這位聖經基本教義派的基督徒朋友僅僅回答：「嗯嗯。」

我繼續問她前往何處，得知她很興奮地要去探訪住在北卡羅來納州的兒子。當她問我目的地時，我再次給予熱誠的答覆：「我去參加一個講習會，在那裡有數百名天主教徒一起研讀聖經！其實，我是要做一次有關彌撒的聖經基礎的演講！我非常興奮，我們要探討彌撒中所有的祈禱、象徵和儀式都是植根於聖經的。我希望向大家說明，當我們越知道禮儀的聖經根源，就越瞭解彌撒之美，並能在每次的禮儀中將自己完全奉獻給基督。」

「嗯嗯……」

或許由於不知如何與一名熱情談論聖經與彌撒關係的天主教徒交談，她便告訴我她個人與天主教禮儀接觸的經驗。

「我十八歲時與一位朋友去參加彌撒，」她開始說：「我從未參加過那樣的儀式，哇！好多站立、坐下和跪下，會眾還會從書上念一些東西。我不知道那是在做什麼。不過我感覺到，在那次彌撒中有某些更深刻的事正在進行著。」

的確，這位女士說得對：在彌撒中「有某些更深刻的事」——某些比眼睛所見更深刻的事——正在進行著。對非天主教徒而言，誠如飛機上的這名婦人所表達的，彌撒令人一團混亂。會眾又站又坐，然後跪下，有時畫十字聖號。從旁觀者的角度來看，彌撒中的敬拜很像天主教健美操。誦念那些固定的祈禱文似乎是一種枯燥乏味、機械式的與天主談話的方式。有些人可能會說，敬拜應該要比這些空洞的儀式更簡單，並且更加人性化。

然而，許多天主教徒並不瞭解禮儀進行的意義。從小與彌撒一起成長的人可能都很熟悉彌撒中的祈禱詞，例如「上主，求祢垂憐……基督，求祢垂憐」、「請舉心向上……我們全心歸向上主」、「基督聖體……阿們」，我們當中甚至有些人可以在睡眠中背誦這些經文。**但是，這些經文有什麼意義呢？**當我們說耶穌是「天主的羔羊」或高聲說「聖、聖、聖，萬有的天主」時，我們真的瞭解我們所說字句的意義嗎？或者我們只是在每個主日呆板地重複這些句子，並未意識到這些祈禱詞的意義，沒有體驗到天主藉著這些禱詞要注入我們心中的祝福呢？

開啟彌撒禮儀和祈禱詞意義的鑰匙便是聖經。我們將在本書中看到，整台彌撒都浸潤在聖經的章節中。我們的靈魂若與天主聖言保持協調，就一定會注意到，在彌撒的每個祈禱、符號和儀式中，聖經都在向我們發出邀請。蠟燭與乳香，站與跪，「願主與你們同在」與「感謝天主」，所有這一切，無論是直接引用自聖經、對聖經章節的迴響，或對聖經故事的再敘述，都在聖經中有其根源。認識彌撒禮儀的聖經背景，使我們更明白在禮儀中實際進行的一切，幫助我們更深刻進入彌撒的奧秘裡。

以〈光榮頌〉為例，你是否知道這段祈禱文反映了天使在耶穌誕生時於白冷

（伯利恆）[1]所唱的歌曲？因此，〈光榮頌〉可以被視為一首聖誕歌曲！那麼，為什麼我們整年都在彌撒中唱這首聖誕歌曲呢？因為在某種意義上，每一台彌撒都是聖誕奧蹟的重現，那位以嬰孩形象降生在白冷的天主，將藉著聖事的行動，以餅酒的形態臨在於祭台上的聖體聖事內。所以，我們重複天使在第一個聖誕夜所唱的讚美歌，是極為合適的。正如兩千多年前，天使以這首讚美詩迎接耶穌的降生，當我們在主日彌撒中高唱「天主在天受光榮」時，我們也在準備迎接我們的主降臨到祭台上。

同樣地，我們可以想一想，主禮司鐸在聖祭禮儀之前洗手，這並非微不足道的儀式。假如我們瞭解主祭洗手的聖經意義，就會對這個神聖時刻真正發生的事感到驚歎。因為這個儀式讓我們想起在舊約中，司祭在聖所向天主獻祭前所做的事——在走近神聖的天主之前，他以淨化儀式洗滌自己的手。

因此，當我們看到主禮司鐸在彌撒中洗手時，應該滿懷敬意。因為從聖經的觀點來看，這表示主祭正要來到天主面前。誠如古代的司祭一樣，今日的司鐸也要舉行祭獻——的確，所有祭獻中最神聖的，就是基督在十字架上的犧牲，現在藉著司鐸的手臨在於聖體聖事中。

對彌撒的「聖經研讀」

本書將帶領你透過彌撒，從進堂式的十字聖號到禮成式的「感謝天主」走一趟聖經之旅。在這種意義下，你可以視本書為對彌撒的聖經研讀。透過聖經的眼光察看彌撒的主要部分，將使你對我們在每個主日慶祝的禮儀有整體而嶄新的觀點。

請把每一段祈禱文和每一個儀式都想像成一扇小窗戶，讓我們透過這些小窗戶一窺每台彌撒中所發生的奧蹟。這些窗戶幫助我們以天使的眼睛看見天主藉著禮儀在我們靈魂上做工的深刻事實。藉著瞭解我們在彌撒中所說和所做的意義，我們能將自己更完全地奉獻給天主，並在這些奧蹟中更深地與祂相遇。

本書的新版（此指英文版）包含了對彌撒各部分的全新反思[2]。在本書首次出版的十年間，我很榮幸為全世界的神職人員和平信徒教友舉辦有關此主題的研討會，並經常收到許多來信，來自本書的讀者、參加線上討論的小組成員，以及堂區

1 編注：本書中出現的聖經名詞（如章節名、人名、地名等）在全書首次出現時，以天主教、基督新教通用譯名對照的方式呈現，方便雙方讀者閱讀。另，本書所引經文為《思高聖經》。

2 彌撒經文可參考彌撒經書，或堂區所印的彌撒經文小冊，亦可在網路上查詢。

信仰培育課程的學員。他們提出具有深度的問題和創見，使我從中學到很多，他們對彌撒的熱誠，鼓勵我在本書的新版中加入更多對神聖儀式的反省，以及對我們靈修生活的實行方法。

我希望這本書能啟發你，在禮儀的所有祈禱和儀式中與耶穌有更深的相遇。我也希望它能為父母、堂區領導者、教師和教理講授者提供有價值的資源，幫助他們教導什麼是彌撒，吸引人靈進入禮儀真正的光輝與精神之中。

艾德華．斯里

二〇二〇年十月一日

聖女耶穌嬰孩德蘭紀念日

於丹弗市

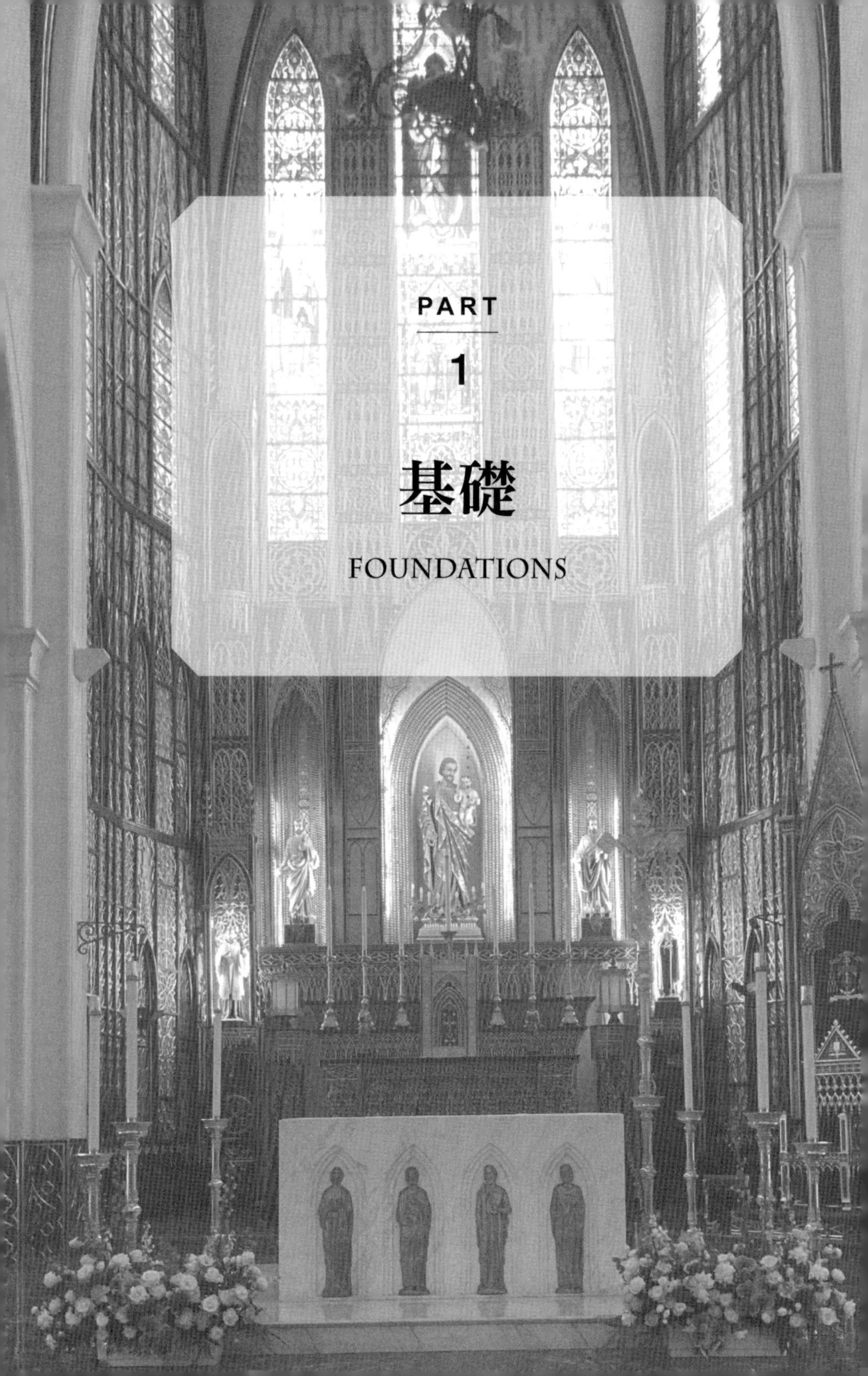

PART 1

基礎

FOUNDATIONS

I

什麼是彌撒?

當你去參加彌撒時，你不是僅僅去「一座教堂」而已。你將要以世界上最深刻的方式與天主相遇。

天主真的要和你說話——藉著在聖道禮儀中宣讀的、具有啟發性的聖經經文，向你說話。你願意洗耳恭聽祂的話語嗎？

那還不是全部。二千多年前，祂在加爾瓦略山（加略山）上愛的祭獻將要真正神妙地呈現在你面前，因此，你能進入其中，以最完美的方式朝拜天主，你的心會被祂的愛改變。基督透過你，將祂在十字架上完全、完美、自我奉獻的愛，重新展現於今天。你是否已準備好，與基督為你做出的這份崇高犧牲深度相遇呢？你的心是否準備妥當，接受這十全十美的愛，並被祂改變呢？

還有更多。在彌撒中，全能的天主親自來到祭台上，以最有力的方式臨在於你面前——在聖體聖事中，餅和酒轉變為基督的聖體和聖血、靈魂與天主性（神性）。最重要的是，當你在領聖體時，臨在於聖體聖事中的耶穌要與你結合為一。請想一想，天主永恆之子耶穌基督，在你每一次於彌撒中領聖體時，都以聖事性的方式住在你的靈魂之內！

簡言之，當你去參與彌撒時，你是去參與這每天發生的、整個宇宙最令人驚異的事件。

無可否認地，我們並不時常這樣體驗彌撒。有時候，我們覺得彌撒枯燥乏味，似乎是一套機械化的流程，空洞的儀式。主祭的講道、音樂、教堂的建築都可能令我們失望。我們可能沒有經驗到溫暖和團體的歡迎，或者我們在彌撒中不停的分心，心猿意馬，心不在焉。

然而，無論情況如何，天主都逐步解決人的這些混亂狀況，而在每台彌撒中與我們相遇。因為彌撒是耶穌想要遇見我們、醫治我們，並轉變我們的主要地方，也是耶穌召喚我們敬拜祂、將我們生命完全交給祂的場所。的確，彌撒正是對耶穌在最後晚餐[1]中所建立的聖體聖事的慶祝，當時祂吩咐祂的宗徒（門徒）們：「你們

應行此禮，為紀念我。」（路加福音22章19節）

我們無法三言兩語總結彌撒中所發生的一切，因為我們全部的救恩奧蹟都與彌撒（感恩祭）的禮儀密不可分[2]。為了幫助我們開始瞭解彌撒的深刻意義，我們將簡短說明每個天主教徒都應知道的，有關感恩祭的重要三點，即是：(1)感恩祭是紀念基督在十字架上的**犧牲**；(2)耶穌**真正臨在於**感恩祭中；(3)感恩祭是與主基督的**神聖共融**。

彌撒是祭獻

你是否聽過將感恩祭的慶祝稱為「彌撒的神聖祭獻」呢？我們可能疑惑，在何種意義下，彌撒是一種祭獻呢？無可否認地，這確實不容易明白。總之，現代的天主教徒不像古代來到聖殿的猶太人，要將祭獻的牲畜帶到聖所，由司祭宰殺、切割、焚燒、獻給天主。很明顯地，如今在彌撒中所使用的祭品不再是牛羊這類家畜，但仍然包括了真正的祭獻，即是：天主子耶穌基督，祂死在十字架上，將自己的生命完全奉獻給天父，並拯救世界。

瞭解這點是很重要的，也絕對會令人驚訝無比。彌撒不單單是回顧或將耶穌在十字架上的死亡予以象徵化。彌撒是以聖事性的方式使基督救贖性的犧牲臨在於我們面前，因而使其救恩的力量完全運用在我們的生活中。換言之，彌撒不僅是恭敬地紀念基督在加爾瓦略山上之死，更使那救恩的事件臨在於我們面前，使我們能進入其內。

當我們去參與彌撒時，我們是真正走向加爾瓦略山，因為加爾瓦略的奧蹟會透過聖事的行動呈現於我們面前。誠如《天主教教理》所說：「在彌撒中所完成的神聖祭獻裡，同一基督身在其中，以不流血的方式自作犧牲。」（1367；參閱 1362-1372）

然而，這怎麼可能做到呢？基督在祂復活前的星期五所做的十字架上的犧牲，

1 編注：為尊重原文，此處譯為「最後晚餐」（the Last Supper）。然而，「最後」二字表示結束了，但我們所舉行的任何一台彌撒，皆為耶穌所舉行的那次晚餐的延續，直到世界的終結。因此，用「主的晚餐」、「至聖晚餐」或「神聖晚餐」來表達更為洽當。

2 的確，誠如教宗聖若望保祿二世所寫，耶穌死亡與復活的救恩奧蹟「在聖體聖事內已有預示，並集合在其中」。聖若望保祿二世，〈Ecclesia de Eucharistia〉（二〇〇三年四月十七日），5。

如何能在今天呈現在我們面前呢?讓我們進一步看看耶穌在最後晚餐所說的話,並且想一想:當祂在那神聖的晚餐上奉獻自己的體和血時,究竟是什麼意思呢?

最後晚餐

耶穌在死亡的前夜,建立了聖體聖事。在猶太逾越節的脈絡裡,祂恭敬地拿起了餅和酒,為了赦免罪惡,交付了自己的身體,傾流自己的血。祂告訴門徒要以禮儀的紀念方式慶祝這聚餐,並說:「你們要這樣做,為紀念我。」祂用這句話為最後晚餐劃下句點。

但是,這一切意味著什麼?

首先,在第一世紀的猶太世界裡,當耶穌論及祂的體和血時所用的語言,帶有強烈犧牲的言外之意。祂說,祂的身體將被**奉獻**,祂的血液將要**傾流**,誠如之後我們要看到的,這種語言使我們想起猶太人在聖殿中舉行的祭獻儀式,在祭獻裡,動物的身體被**奉獻**,動物的血**傾流**了。耶穌採用了這種具有祭獻意味的語言,將它運用在自己的體(身體)和血(鮮血)上,在最後晚餐中,祂預先顯示了祂在十字架上的犧牲。祂將自己的體和血當作逾越節的羔羊予以祭獻了。

其次，我們需要瞭解猶太人關於「紀念」的觀念。在聖經中，「紀念」並非僅僅是回憶過去的事件，而是使這些事件臨在於當下。因此，當耶穌說「你們要這樣做，為紀念我」時，祂是在吩咐宗徒們以聖經的紀念方式，使祂在最後晚餐中所奉獻的體和血得以臨在。的確，耶穌在最後晚餐中所提到的體和血，就是祂在加爾瓦略山上所祭獻的體和血，也正是祂臨在於彌撒中的體和血。

這就是耶穌在第一次感恩祭中所做的事，誠如教宗聖若望保祿二世所解釋的：「耶穌不僅說明祂要給他們吃喝的是祂的體和血，祂也表達其**祭獻的意義**，並且使祂即將在十字架上為所有人的救贖所做的奉獻，具有聖事性的臨在。」[3]同樣，《天主教教理》教導我們，在每一次感恩祭的慶祝中，我們都參與了相同的基督的祭獻，因為彌撒「使十字架的祭獻臨於現場」（1366）。

因此，藉著感恩祭，十字架的力量以獨特的方式流溢在我們生命中。由於基督的祭獻在每台彌撒中再次臨在，祂也邀請我們進入祂完美的自我奉獻之愛——祂

3 聖若望保祿二世，12。

將自己完全獻給了天父。祂希望透過我們，讓祂的奉獻之愛更加鮮活。祂要轉變我們，祂要醫治我們軟弱和自私的心，使我們的心更相似祂的心，藉著我們參與彌撒聖祭，祂以最深刻的方式來做這一切。的確，「這祭獻重現祂在十字架上一次而永遠地所完成的流血祭獻，使此祭獻的紀念一直流傳至世界終結，並使其救贖效能應用在我們身上，赦免我們每日所犯的罪過」（天主教教理1366）。

耶穌真實的臨在

我們已經知道彌撒是一種祭獻。現在，將我們的注意力轉向聖體聖事的第二個關鍵，即是它如何包含耶穌**真實的臨在**。天主教會的教導是：雖然基督以多種方式臨在於祂的子民身上——在貧困者中、在祂的聖言中、在聖事中、在以祂之名聚集的人們祈禱中——但在聖體聖事中，祂是以獨一無二的方式臨在。因為聖體聖事就是基督的體和血，是耶穌基督的靈魂和天主性。藉著聖體聖事，「它是實體的臨在，而且即是天主、又是人的基督整個地藉此臨現」（天主教教理1374）。

聖體聖事不僅是耶穌的標記，基督也不只是以某種含糊不清的精神方式臨在於餅酒之中。在最後晚餐時，耶穌拿起餅和酒說：「這是我的身體……這是我的血。」與其他基督徒團體將聖體聖事視為神聖記號或是對耶穌的「紀念」不同的是，天主教會確實相信，在彌撒中，當司鐸誦念耶穌的這些話時，在祝聖的那一刻，祭台上的餅和酒就變成了基督的體和血，它們不再是餅和酒了。描述這變化的神學名詞是「質變」（transubstantiation），說明藉著餅酒的祝聖，「餅的整個實體，被轉變成我主基督身體的實體；酒的整個實體，被轉變成祂寶血的實體」（天主教教理1376）。

然而，這種改變不是化學變化。餅和酒的外觀依舊保持原狀。聖體仍然看起來是餅，嚐起來是餅，摸起來是餅。聖爵裡所裝的也看起來與普通的酒無異。餅和酒的化學成分並未改變，但在餅酒的外型之下，耶穌的體和血卻真實臨在於聖體聖事中。

當耶穌親自教導聖體聖事時，祂使用深刻的現實性語言來描述我們將參與祂的體和血。耶穌不僅在最後晚餐中提到餅和酒就是祂的體和血（「這是我的體……這是我的血」），當祂給出最詳細的聖體聖事教導時，祂說我們必須真正地吃祂的體、喝祂的血。祂強調在聖體聖事中真實地吃祂的體、喝祂的血是如此重要，祂教導道：

我實實在在告訴你們：你們若不吃人子的肉，不喝他的血，在你們內，便沒有生命。誰吃我的肉必得永生，在末日我且要叫他復活，因為我的肉，是真實的食品；我的血，是真實的飲料。誰吃我的肉，並喝我的血，便住在我內，我也住在他內。

——若望福音（約翰福音）6章53至56節

早期基督徒神學家，耶路撒冷的聖濟利祿（St. Cyril of Jerusalem）勸勉基督徒要相信耶穌說「聖體聖事是祂真實的體和血」的話語。他說：「不要將餅和酒視為只是自然的物質，因為，主曾說，它們是祂的體和血，信仰向你保證了這點，儘管你的五官有不同的認知。」[4]

「請來！請來！厄瑪奴耳」

在聖經中，耶穌的名稱之一是厄瑪奴耳（以馬內利），意思是「天主與我們同在」（瑪竇福音／馬太福音1章23節）。耶穌是降生成人的天主聖子，居住在我們中間。祂何等渴望時常親近我們，祂將自己當成一件禮物，以聖事性的方式臨在於聖體聖事中。藉著在全世界所舉行的每一台彌撒，祂繼續實踐厄瑪奴耳，一直與我們同在。我們不要將這件禮物視為理所當然。宇宙間最令人驚訝的事就發生在每台彌撒中，即是：天主子親自來到我們的祭台上，並住在我們中間。

但，天主想要與我們同在的渴望並不在此打住。只要有聖體在，即使在彌撒之外，基督也持續臨在於聖體聖事內。這便是為何在每一座天主教堂內，聖體都保存在被稱為聖體龕的神聖空間裡的原因。我們應該尊敬臨在於聖體聖事內的基督，以單膝下跪或其他神聖的姿勢，表達對聖體的朝拜。除了參與彌撒，我們也應該花些時間到教堂或朝拜聖體的小教堂，與聖體內的耶穌在一起。這種與臨在於聖體內的基督的親密關係，能帶給靈魂極大的力量與安慰。

聖亞豐索·利古力（St. Alphonsus Liguori, 1696-1787，義大利主教與靈修作家）提到這是我們能操練的最重要的方式之一：「在所有的虔誠敬禮中，朝拜聖體內的耶穌，是最大的聖事。」[5] 教宗聖若望保祿二世教導我們，當我們安歇於耶穌在

4 若物保祿二世引用之耶路撒冷的濟利祿（Cyril of Jerusalem, 315-387）的著作，15。

聖體內的臨在時，我們彷彿也成了在最後晚餐時躺在耶穌懷中的那位愛徒[6]。

祂與我們的同在是具有大能的。在全世界的聖體龕裡，耶穌持續實踐厄瑪奴耳，是與我們同在的天主。在聖體內，我們與那位行走在巴勒斯坦的街道上，醫治病人、召喚人們悔改、赦免罪過的耶穌相遇。這位耶穌繼續祂的醫治、赦罪和拯救世界的工作，只是現在祂在聖體聖事中，以聖事性的方式與我們相遇。

耶穌渴望我們接近祂，祂要在我們生命中做偉大的事，如同兩千年前祂在天主子民中所行的。但我們必須來到祂面前，我們必須相信這點。教宗聖若望保祿二世指出，耶穌何等渴望我們朝拜在聖體內的祂：「耶穌在愛的聖事中等候我們。我們不要拒絕以朝拜、以滿懷信德的默觀與祂相遇……讓我們的朝拜永無止境。」[7]

神聖的共融

我們已經探討了聖體聖事是祭獻，聖體聖事是耶穌基督真實的臨在。現在，讓我們將注意力轉向聖體聖事的第三個關鍵：聖體聖事是神聖的共融。

新約說明了耶穌為了我們的罪，成為在加爾瓦略山上祭獻的逾越節羔羊（參閱格林多前書／哥林多前書5章7–8節；伯多祿前書／彼得前書1章19節；默示錄／啟示錄5章6節）。然而，在其他猶太祭獻儀式裡，逾越節不僅宰殺動物，吃被宰殺羔羊的肉也是逾越節慶祝的必要部分（參閱出谷紀／出埃及記12章8–12節）。祭獻之後便是共融餐會，那是表達盟約印記以及天主與子民之間融合的共同餐會，為瞭解聖體聖事是**共融聖事**，這含意是極為重要的。

假如耶穌是新的逾越節羔羊，祂為了我們的罪而犧牲，那麼，伴同祂在十字架上的犧牲而來的共融餐會便是適合的，在這餐會上，我們參與了天主羔羊——耶穌基督——的真實祭獻。從聖經的觀點來看，我們可能期望有一場從基督的祭獻中流出的共融餐會。這將依循聖經祭獻與共融的模式。

在這方面，聖保祿（聖保羅）在他的〈格林多前書〉裡為我們指出了猶太人關於犧牲與共融的觀念，他說：「我們的逾越節羔羊基督，已被祭殺作了犧牲。所以

5　聖若望保祿二世引用聖亞豐索．利古力（Alphonsus de Liguori）之著作〈Visits to the Blessed Sacrament〉，25，參閱《天主教教理》一四一八。

6　聖若望保祿二世，25。

7　《天主教教理》一三八〇所引用之聖若望保祿二世著作〈Dominicae cenae〉，3。

我們要過節。」（格林多前書5章7－8節）請注意再次一起出現的兩個要素：祭獻與共融。保祿並非僅提到基督在十字架上的祭獻，他沒有說「基督，我們逾越節的羔羊已經祭殺了。現在一切都完成了」。不是這樣的。他寫道，基督的祭獻在共融餐會的慶祝中達到頂點，假如保祿遵照了聖經的模式，這就是我們真正盼望的。

之後，保祿清楚說明他認為的慶祝餐會是什麼，那就是感恩祭宴。他在〈格林多前書〉第11章裡敘述了耶穌在最後晚餐中建立了聖體聖事，在前一章裡，他描述了藉著共享基督的體和血而建立起的深度團結：「我們所祝福的那祝福之杯，豈不是共結合於基督的血嗎？我們所擘開的餅，豈不是共結合於基督的身體嗎？因為餅只是一個，我們雖多，只是一個身體，因為我們眾人都共享這一個餅。」（格林多前書10章16－17節）

難怪，天主教將領聖體視為聖體朝拜的高峰。《天主教教理》說道：「彌撒是犧牲的紀念，在它內延續十字架的祭獻，同時也是領受主的體血的神聖宴會，兩者是不可分的。然而，感恩祭獻的慶典，全是為信友藉著領聖體與基督親密結合。領聖體，就是接受基督本身；祂曾為我們犧牲自己。」（1382）

的確，領聖體是在永恆的這一邊，我們能與天主最深度的結合。天主以聖事性的方式，在彌撒中來到我們的祭台上，並在彌撒之外，在聖體龕內，臨在我們中間。光是這一點就足以令人十分驚訝了，但天主使祂自己與我們結合的渴望遠勝於這點。我們領受聖體時，主進入我們的體內，以這最親密的結合，使祂與我們的靈魂結合在一起。

領了聖體之後，當祂與我們同住在我們體內時，我們要全神貫注於我們的主。在我們回到我們的座位後，我們應將我們的心完全交給主——愛祂，感謝祂，與祂分享我們內心最深的需要與祈求。在領了聖體後的時刻裡，我們如同瑪利亞一樣，她以九個月的時間孕育了天主子。這是何等的奧秘呀！瑪利亞在她的子宮中孕育了她的創造者和救主！

在某種程度上，我們領了主的聖體聖血之後，曾經發生在瑪利亞身上的事，也發生在我們內[8]。我們成為活生生的聖體龕，容納著人而天主（God-man）的臨在。此刻不是東張西望觀看別人穿著的時候，不是考慮下午的橄欖球賽或計劃停車場離開路線的時候。此刻是在主內休憩的時刻，祂以如此的愛來與我們同住。

8 參閱聖若望保祿二世〈Ecclesia de Eucharistia〉，55。

經常性的領聖體，對我們的生活有極大的影響[9]。它可以幫助我們克服我們的軟弱與罪惡，在做決定時引導我們，在面臨考驗與痛苦時支持我們，並使我們在聖德上成長。藉著基督聖體聖血的滋養，我們逐漸被祂居住在我們內的生命所改變。從某種意義上說，借用現代的表達方式：我們成為了我們所吃的東西！這便是偉大的聖良教宗（Pope Leo, the Great）所指出的：「在我們分享基督的體和血時，我們成為我們所吃的東西，並在靈魂與肉身中永遠承載著那位我們已經與祂同死、同埋葬、同復活的主——沒有比這個更重要的目的了。」[10]

最後，我們已經看到彌撒是祭獻，是基督真實的臨在，是神聖的共融。現在，帶著這些基本背景知識，我們開始透過彌撒的各部分，來一趟聖經之旅吧！

---

9 天主教徒有義務要在主日及教會重要節日參加彌撒。教會鼓勵信友在這些日子，甚至每天領聖體（天主教教理1389）。然而，信友必須在恩寵狀況下領聖體，以避免「不相稱的吃主的餅，或喝主的杯」（格林多前書11章27–28節）。「凡自知身負大罪的人，必須先接受和好聖事，才可領受主的體血」（天主教教理1385）。

10 教宗大良之講道，63，Matthias Scheeben在其文章〈The Mysteries of Christianity〉中引用此文（St. Louis: Herder, 1964），486-487。

PART

2

進堂式

THE LITURGY OF THE WORD

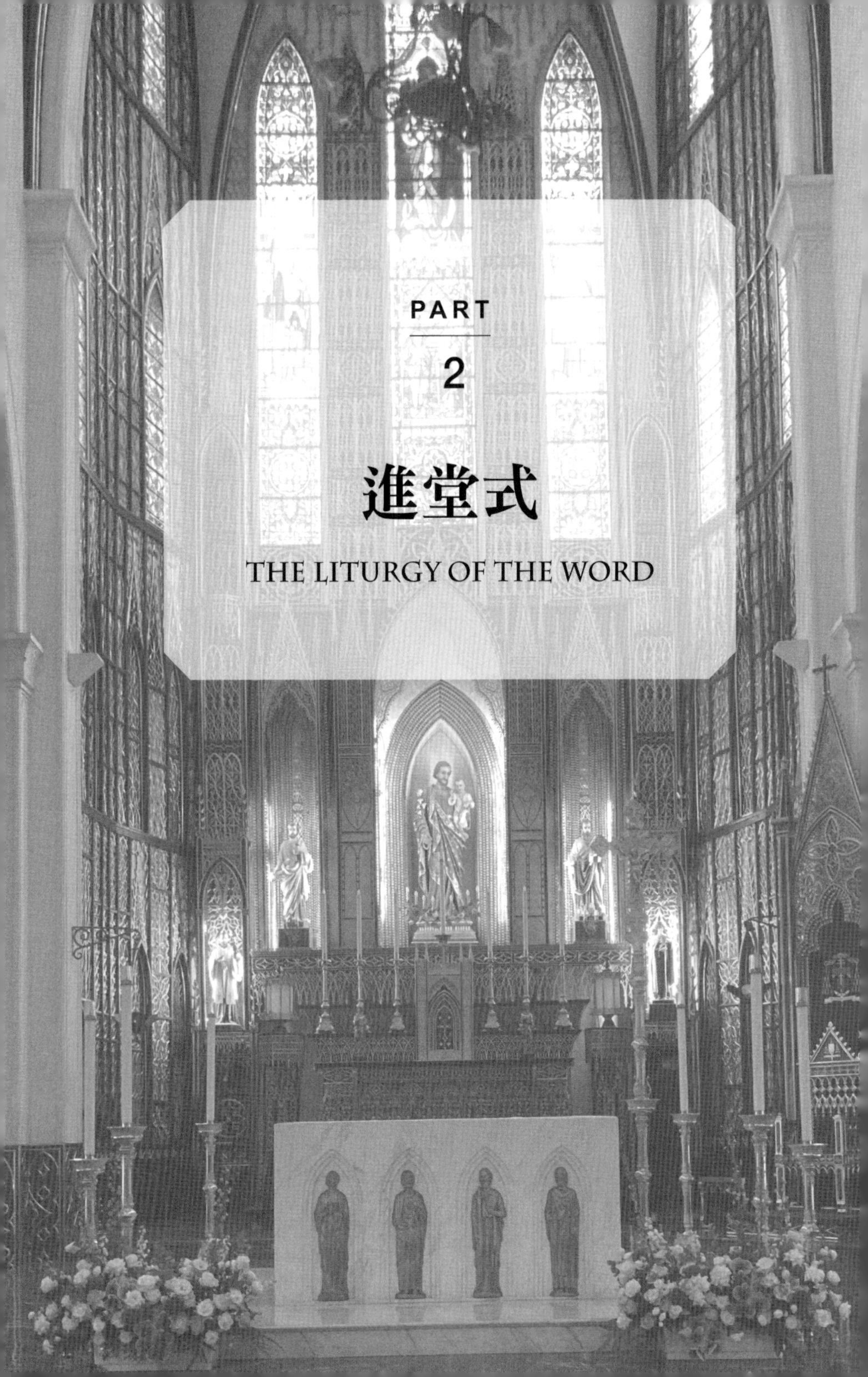

彌撒的進堂式便是準備——我們為了要與天主有最深度的相遇，而準備自己的心。我們準備恭聽天主藉著聖道禮儀對我們說的話，我們準備在領聖體禮領受在聖體中的耶穌。

我們不能期待自己可以快速走出忙碌的生活，一走進教堂，就能立刻專心地聆聽天主的聖言，並恭敬地領聖體。我們需要一些緩衝的時間來準備自己的靈魂，才能與鮮活的天主有深度的相遇。

這就是為何要有進堂式的祈禱文。我們以開始時的十字聖號懇求天主的神聖臨在，然後以「我向全能的天主……承認……」的〈懺悔詞〉誠心地承認自己的罪過，並以委順於天主憐憫的〈垂憐經〉來準備我們的靈魂。在詠唱〈光榮頌〉時，我們快樂地讚頌天主，因為祂是愛我們的父親，也因為祂為我們所做的一切而感謝祂。

敬畏、驚嘆、恭敬、謙遜、懺悔、信賴、讚美、感恩、愛德。這些是我們在禮儀中來到天主面前時應有的態度。現在，在即將開始舉行彌撒的神聖奧蹟之時，讓我們探討一下進堂式中的祈禱文，在培養上述的神聖態度上，它們是如何扮演了獨特的角色。

2

十字聖號

主祭：因父，及子，及聖神。

十字聖號不僅是一種**開始**祈禱的方式，其本身便是一種有力的祈禱，它能在我們的生活中傾注大量的祝福。

每當我們劃十字聖號，無論在彌撒裡或在個人私下的敬禮中，我們就是進入初期基督信仰的傳統中，當時的信眾將這儀式視為力量與保護的來源。藉著十字聖號，我們懇求天主臨在我們中間，邀請祂祝福我們、協助我們，並在一切災難中保護我們。早期基督徒時常在生活中劃十字聖號，渴望運用在他們內的這種能力，這並不令人感到驚訝。

例如，神學家戴都良（Tertullian, 160-225，又譯作特土良）描述一般信眾普遍都在生活中劃十字聖號：

在我們一切的旅行、遷移、回來、外出、穿鞋、沐浴、進食、點蠟燭、躺下、坐下，無論從事什麼工作，我們都在額前劃十字聖號。[1]

其他早期基督徒將十字聖號視為區分一個人是否信仰天主的方法。十字聖號幫助靈魂對抗誘惑，保護他們不陷入邪惡，甚至能制服魔鬼。例如在第四世紀，聖金口若望（St. John Chrysostom）勸勉天主子民在十字聖號中找到轉向基督的力量：

若沒有劃十字聖號，就不要離開你的家。它將是你的枴杖、你的武器、難以攻破的堡壘。無論人或邪魔看見你佩戴如此堅固的盔甲，就不敢攻擊你。讓這記號教導你，你是一名士兵，你已準備與邪魔搏鬥，已準備為正義的冠冕而戰。你

1 戴都良，De corona（trans.C. Dodgson,1842），3。

是否輕忽了十字聖號所能做的呢？它消滅了死亡，摧毀了罪惡，清空了地獄，推翻了撒旦，重整了宇宙，難道你還懷疑它的能力嗎？[2]

什麼是這些早期基督徒看到，而我們今天時常忽略了的呢？為何他們在每日生活的重要轉折點上，總是渴望劃十字聖號呢？而我們有時只是在禮儀中規律性地這樣做，有時甚至將它視為理所當然。為了要回答這問題，就讓我們來探討十字聖號的聖經根源吧。我們愈瞭解這祈禱的意義，每次我們劃十字聖號時，就會愈想要使用天主為我們預備的力量，尤其是在彌撒開始時，我們念「因父，及子，及聖神」的時候。

厄則克耳（以西結）的標記

十字聖號的標記有主要的兩方面：一是在我們身體上真實地劃十字聖號，二是在我們劃十字聖號時所誦念的經文。

在我們身體上劃十字聖號，是一種儀式，其根源深植於聖經中。有些教會的聖師將它視為早期基督徒信仰的表達方式，在舊約〈厄則克耳先知書〉（以西結書）已有預示，那是一種神奇的記號，具有雙重意義，即是：**天主保護**的記號，以及**區別忠信者與邪惡者**的記號。厄則克耳在神視中看見許多耶路撒冷的領袖在天主的聖殿中朝拜太陽和其他偶像，使全地充滿了暴力（參閱厄則克耳第8章）。由於他們不忠於天主的盟約，城市將受到懲罰，人民將被放逐。

然而，並非耶路撒冷城中的每個人都是邪惡的。有些忠信的人對發生在耶路撒冷令人厭惡的事嘆息哀嚎，他們選擇保持對天主的忠誠。這些正義的人在他們的額頭上出現了神秘的記號，希伯來文為*tahv*，在當時是以X或十字形狀呈現。這靈性的形狀將他們與敗壞的文化區分開來，並且成為天主保護的記號（參閱厄則克耳9章4－6節）。就如同在逾越節那天晚上，塗在以色列人民門框上羔羊的血保護他們不受天主對埃及人的懲罰，同樣，如同〈厄則克耳先知書〉第9章所敘述的，當審判來到時，在耶路撒冷城的忠信者額頭上的記號，也將保護他們。

2 金口若望之著作〈Intructions to Catechument〉，Andrew Arnold Lambding在其文章〈The Sacraments of the Holy Catholic Church〉中引用此文（New York, Benzinger Brothers,1892）。

新約中的聖人同樣帶有這種印記。沿用〈厄則克耳先知書〉圖像的〈默示錄〉（啟示錄）描繪了天堂上的眾聖人在他們額頭上有一種印記（參閱默示錄7章3節）。正如厄則克耳先知時代，這些記號區分了忠信的天主子民與邪惡之人，同樣，在最後審判的時候，這些印記也要保護他們（參閱默示錄9章4節）。

基督徒從厄則克耳先知預示的記號中看到了十字聖號，這並不令人驚訝。正如厄則克耳先知時代，忠信的子民受到他們額頭上相似十字形的記號的保護，同樣，基督徒在他們身上劃十字聖號時，也會受到基督十字架的保護。這樣的動作含意極深。從聖經的觀點來看，我們每次劃十字聖號時，就表示我們渴望與我們時代的種種罪惡劃清界線。

誠如厄則克耳先知時代一樣，今天在天主子民中，有許多人也不同意目前世界上盛行的空虛的生活方式。在我們這個以貪婪、自私、寂寞、麻煩婚姻和不正常家庭生活為特徵的世代裡，劃十字聖號能表示我們按照基督的標準（而非世界的標準）來生活的堅定決心。在世俗世界標榜金錢、享樂、權力和找樂子才是美好生活的基本特徵的同時，基督徒追尋一條通往真正幸福的更高超的道路，這道路唯有在基督在加爾瓦略山的犧牲之愛中才能找到——十字聖號象徵了這份愛。

當我們劃十字聖號時，我們也呼求天主保護我們的生命。藉著十字聖號，我們請求主保護我們脫免一切傷害與罪惡。數世紀以來，許多基督徒將十字聖號轉變為抵抗誘惑的力量。其他陷入痛苦與面臨重大考驗的人，也以劃十字聖號來尋求天主的幫助。許多父母在子女額頭上劃十字聖號，求主祝福和保護他們。

你是否為憤怒或貪欲的誘惑而掙扎呢？那就劃十字聖號吧。你是否為焦慮、沮喪和缺乏信心而掙扎呢？劃十字聖號吧。你是否想要你的子女遵循天主的道路，並在世界上保護他們脫離罪惡呢？就在他們身上劃十字聖號吧。

耶路撒冷的聖濟利祿指出十字聖號的兩種特點，就是區別層面與保護層面，在宗教儀式上稱為「信者的標記」，對那設法傷害我們的魔鬼，則是「一種恐懼」：

讓我們勇敢地用我們的手指在額頭上和在所有場合裡，劃十字聖號吧；在我們吃的麵包上，在我們喝的飲料上；在我們回家與出外時；在睡覺前；在躺下與起來時；準備出發及在路途上。十字聖號是強有力的保護……因為它是出自天主的恩寵，信者的標記，使魔鬼感到驚懼……因為當牠們看見十字聖號時，牠們想起被釘在十字架上的耶穌，牠們害怕已經「踏碎毒龍之頭」的那一位。[3]

我們已經看見了在自己身上劃十字聖號的聖經基礎。現在，讓我們探討我們在劃十字聖號時所念的經文，它也有極深的聖經根源。

天主名字的能力

在劃十字聖號的同時，我們念「因父，及子，及聖神」，以此呼求天主的名字。在聖經裡，呼求上主的名字，便是呼求祂的臨在，這時常出現在朝拜、祈禱與祭獻的脈絡中。

在最早期跟隨天主的人當中，可以找到這古老的儀式。亞當的兒子舍特（塞特）和他的後裔便是在這些儀式中呼求天主的名（參閱創世紀4章26節）。偉大的先祖亞巴郎（亞伯拉罕）為天主搭了祭台，將許給他的土地奉獻給天主時，他呼求上主的名（參閱創世記12章8節；13章4節；21章33節）。他的兒子依撒格（以撒）在貝爾舍巴（巴撒巴）搭建祭台時，也呼求了上主的名字（參閱創世記26章25節）。

在聖經裡，名字並不僅是用來指某一特定人物的常見方式。名字很神秘地代表了某人的本質，並帶有那人的力量。因此，呼求天主的名字，就是呼求祂的臨在和祂的能力。這便是為何古代的以色列人民時常呼求上主的名，不僅是為了讚美祂（聖詠／詩篇148篇13節）和感謝祂（聖詠80篇18節；124篇8節），也為了在他們的生活中尋求祂的幫助。同樣，無論何時我們呼求天主的名字，就是呼求祂的臨在，在我們每天面對的各種掙扎中協助我們。如同〈聖詠〉的作者一般，我們明白「我們的救助是仰賴上主的名，上天和下地都是他所創造的」（聖詠124篇8節）。

因此，假如你想要在生活中得到天主的幫助，就劃十字聖號吧。那是任何時間，任何地點——在工作中、在家裡、在車子裡、在體育館裡——你都可以發出的快而有力的祈禱。無論何時，你這樣的呼求祂的名字，你便是懇求祂神聖的臨在，呼求祂協助你並讓你更堅強。

當我們在彌撒中劃十字聖號時，更是如此。禮儀開始，我們以虔誠的方式邀請天主進入我們生活中。我們莊嚴地呼求祂的名字，懇求祂神聖的臨在與能力。就如

3 耶路撒冷的濟利祿，教理講授演講， Andreas Andreopoulos在〈The Sign of Cress: The Gesture, The Mystery, The History〉文中引用此文（Brewster, MA. Paraclete Press, 2006,）14。

同我們將以下的時間或我們的生活奉獻給祂一樣，就是我們以祂的名，把在彌撒中所做的一切奉獻給祂。我們所做的一切——我們的思想、渴望、祈禱和行為——不是為自己而做，而是「因父，及子，及聖神之名」而做。此外，誠如古時的以色列人民，當他們朝拜上主時，他們呼求祂神聖的名字，在我們準備進入彌撒至聖的奧蹟之時，我們也恭敬地呼求天主的名字。

在新約裡，耶穌的名字等同於神聖和天主之名的能力。聖保祿將它形容為「超越其他所有的名字」（斐理伯書／腓立比書2章9節）。他說，這名字具有將一切臣服於基督之下的能力，「致使上天，地上和地下的一切，一聽到耶穌的名字，無不屈膝叩拜；一切唇舌無不明認耶穌基督是主，以光榮天主聖父」（斐理伯書2章10–11節）。

其他新約部分也提到這點，以耶穌之名，病人得到醫治（參閱瑪爾谷福音／馬可福音16章17–18節；宗徒大事錄／使徒行傳3章6節），罪人找到仁慈（路加福音24章47節；宗徒大事錄10章43節），魔鬼被驅逐（路加福音10章17節）。耶穌教導我們，祂回應所有呼求祂名的人：「你們因我的名無論求父什麼，我必要踐行。」（若望福音14章13節；15章16節；16章23節，16章26–27節）

此外，凡以祂的名聚集在一起的祂的跟隨者，將要領受祂臨在於他們中間的祝福：「因為哪裡有兩個或三個人，因我的名字聚在一起，我就在他們中間。」（瑪竇福音18章20節）這便是每台彌撒開始時，我們以天主子之名聚集時所做的。當我們滿懷信心地將自己的需要和祈求帶到祂面前時，便是懇求祂臨在於我們中間。

仔細地劃十字聖號

然而，在劃十字聖號時，我們並非只聚焦於聖子身上而已。我們呼求聖父、聖子和聖神（聖靈）的名字，我們回應了耶穌給宗徒們的偉大交託：「所以你們要去使萬民成為門徒，因父及子及聖神之名給他們授洗。」（瑪竇福音28章19節）這是我們接受洗禮時所說的話，是我們的靈魂首次充滿至聖聖三神聖生命的時候。

藉著每次彌撒開始時重複這些話，我們承認一個深刻的事實：我們在禮儀中走近全能的天主，不是出於我們自己的功勞，而是天主在我們的洗禮中慷慨賜予我們的靈性生命。我們來到這裡，不僅僅是以我們自己的名義，而是以我們內在三位一體的天主之名而來。我們也祈求這份神聖的生命在我們內心增長——使我們能與天主更和諧地生活，使我們所做的一切都能以祂的名進行。

這便是為何每次我們都應以專注與恭敬的態度劃十字聖號的理由。瞭解了這些禮儀的意義後，我們應該避免以匆忙、草率的方式劃十字聖號。最後，讓我們以羅馬諾·郭蒂尼（Romano Guardini, 1885-1968，義大利神學家）論述慎重劃十字聖號之重要性的反省，來結束本章：

> 當我們在自己胸前劃十字聖號時，讓它成為十字架的真正記號。不要以小而難以辨認、又不能表達其意義的姿勢劃十字聖號。讓我們以大且從容的方式，由前額到胸部，從左肩到右肩，有意識地感覺它如何包含了我們的全部，我們的思想、態度，我們的身體與靈魂，我們的每一部分，它如何聖化了我們……花時間劃一個大大的十字聖號，想一想你在做什麼。讓它深入你整個存在中——你的身體、靈魂、理智、意志、思想、感覺、所行和未做的事之中——藉著劃十字聖號，以三位一體天主之名，使一切靠基督的力量，得以堅強和祝聖。[4]

4 Romano Guardini之著作，Grace Branham譯（St. Louis Pio Decimo Press, 1955）14, etwn.com。

3
致候詞：「願主與你們同在」

主祭：願主與你們同在。
信友：也與你的心靈同在。

從聖經的觀點來看，「願主與你們同在」並非一般性的問候。絕不是如同主祭說「早安」，信友回答「神父，早安」那樣的互相問候。假如我們真正瞭解這些話的聖經背景，我們將會以敬畏和顫抖之情走進彌撒禮儀。

基本上，這句話傳達了耶穌臨在於那些以祂之名聚集的信眾之中的事實，因為耶穌說：「那裡有兩個或三個人，因我的名字聚在一起，我就在他們中間。」（瑪竇福音18章20節）這具禮儀性的問候，由於我們所領受的洗禮，表達了天主的生命居住在我們靈魂內的事實。主祭以這句問候語，祈求天主使我們接受的屬天的生命，能持續在我們內成長。

「願主與你們同在」這句致候詞，也讓我們想起聖經中天主對那些執行艱鉅任務的英雄所說的話，他們因面對令人畏懼的任務而呼求天主，也因此走出了個人的舒適圈，迫使他們前所未有地依賴天主。天主子民的未來，正取決於這些人如何回應天主的召叫並善盡職責。想一想依撒格（以撒）[1]和雅各伯（雅各）[2]；梅瑟（摩西）[3]和若蘇厄（約書亞）[4]；達味王（大衛王）[5]；先知耶肋米亞（耶利米）[6]和童貞瑪利亞[7]。他們都在生命的關鍵時刻聽見這問候。在有些情況中，天主以這種方式召喚某人，無論天主自己或祂的天使，都以這句肯定的問候「願主與你同在」召喚人。

以若蘇厄為例，梅瑟死後，天主召叫若蘇厄肩負這艱鉅的任務，就是帶領以色列子民前往預許之地，在那裡，有許多強大的軍隊阻止他們進入。然而，天主告訴若蘇厄鼓起勇氣，並且相信他將會獲得勝利，因為「我與你同在」：

你有生之日，沒有人能抵抗你；過去我怎樣和梅瑟同在，也要怎樣和你同在，絕不離開你，絕不捨棄你。你應勇敢果斷，因為你必須使這百姓，佔領我曾向他們祖先起誓賜給他們作產業的地方。

我不是吩咐了你，你應勇敢果斷嗎？所以你不要害怕，也不要膽怯，因為你無論到那裡，上主，你的天主必與你同在。

——若蘇厄書（約書亞記）1章5至6節、9節

天主以同樣方式召叫了基德紅（基甸）。〈民長紀〉（士師記）講述天主如何派遣天使前去告訴基德紅，要他從佔領以色列土地的米德楊（米甸）人手中拯救以色

1 參閱：創世紀26章3節、24節。
2 參閱：創世紀28章13–15節。
3 參閱：出谷紀（出埃及記）3章12節。
4 參閱：若蘇厄書（約書亞記）1章5、9節。
5 參閱：撒慕爾紀下（撒母耳記下）7章3節。
6 參閱：耶肋米亞先知書（耶利米書）1章6–8節。
7 參閱：路加福音1章28節。mano Guardini之著作，Grace Branham譯（St. Louis Pio Decimo Press, 1955）14, etwn.com。

列人民。天使以「願上主與你同在」問候他（民長紀6章12節）。即使基德紅毫無軍事經驗，並且來自弱小的家族，在其家族中又是最小的人物，但天主向基德紅保證，他將要領導以色列人戰勝米德楊人。這並非出於基德紅自己的力量或專長，而是因為天主向他保證：「有我與你同在，你必擊敗米德楊人，如擊倒一個人一樣。」（民長紀6章16節）

在這主題裡最佳的例子，便是梅瑟在燃燒的荊棘叢中被天主召叫的故事。在這著名的場景中，上主召喚梅瑟，承擔極為困難的使命，即是：回到埃及，回到那個人民想要殺害他的國家（參閱出谷紀2章15節），面對奴役希伯來人的邪惡法郎（法老），還要說服法郎放走希伯來人民。

聽到這令他驚訝無比的要求，梅瑟深感自己不配接受這任務，對天主說道：「我是誰，竟敢去見法郎，率領以色列子民出離埃及？」（出谷紀3章11節）於是梅瑟想方設法推辭天主給予他的責任。他告訴上主，人民會問他是天主的誰（出谷紀3章13節）？人民不會相信他，也會懷疑上主是否真的有顯現給他（出谷紀4章1節），此外，他也沒有口才擔任人民的領袖（4章10節）。

不可能的使命？

上主如何回答梅瑟覺得自己不適合承擔此使命呢？請注意，天主沒有派梅瑟去接受企業管理碩士學位的訓練，好能幫助他發展領導的技巧，也沒有派他去參加主持人講習會，訓練他如何在大眾面前發言。祂當然也沒有告訴梅瑟說：「不要這麼虐待自己了。你其實比你認為的自己好得多。你必須接受這使命！」天主沒有這樣說，祂知道梅瑟有許多弱點。但天主要彌補梅瑟所缺少的，因此，祂給了梅瑟一件他最需要的，即是：在這具有挑戰性的使命上，祂向梅瑟保證祂的同在。

祂告訴梅瑟：「我必與你同在。」（出谷紀3章12節；4章12節）梅瑟將會完成他的使命，但這並非出於他個人的努力、才能和技巧，而是因為天主的幫助，靠天主的幫助，他才能完成許多遠超過他自己能力所及的事。誠如聖保祿所述，天主的德能透過梅瑟的軟弱彰顯出來（參閱格林多後書／哥林多後書12章9-10節）。

生活中的種種要求與挑戰，是否使你感到壓力或驚訝呢？你是否與梅瑟有同感，覺得自己無法承擔天主委託給你的使命呢？假如是的，那麼，彌撒禮儀開始時的「願主與你同在」這句問候語，將能夠啟發你和鼓勵你。

一方面，從聖經觀點來看，「願主與你同在」這句話提醒我們來自高天的召喚。身為天主的子女，在天父的計畫中，我們每人都有要完成的特殊使命。當我們聽見這句話時，就應該明白我們是踏在若蘇厄、梅瑟、基德紅以及許多接受天主特殊召叫的人的足跡上。天主可能不是召叫我們去保護受異教統治者壓迫的人民，或面對如法郎般的邪惡獨裁者，但我們每人在自己的婚姻中、家庭生活裡、職場上、朋友間、堂區和我們的團體裡，都擔任了別人無法取代的角色。

另一方面，這句話向我們保證，透過生活中的考驗與挑戰，我們已經獲得了能支持我們的更高能力，能幫助我們忠實完成天主交付給我們的任何使命。假如我們在撫養子女、與他人分享信仰、修鍊某種德行上，感到不確定或不能勝任時，禮儀的這句話提醒我們：上主與我們同在，並要協助我們。

假如我們面臨婚姻中的掙扎、工作上的挑戰、與嚴重疾病的對抗，或失去摯愛的人時，在這一切考驗中，天主都與我們同在。假如我們經驗到哀傷、沮喪，或靈修生活上的黑暗，彌撒則提醒我們，上主真的與我們同在，儘管我們感覺不到祂的臨在。當我們只倚靠我們自己時，我們生活中的責任、試探和痛苦會將我們壓倒。但，假如我們學習更依靠天主，記住「願主與你同在」這句話，我們就能以信心和平安面對這些挑戰。

最重要的，是這句問候在彌撒的脈絡下，指向我們即將參與的令人驚奇的偉大事實——天主在聖道禮儀中對我們說話的奧秘、基督死亡與復活的奧蹟，以及我們在聖體聖事中領受基督的體和血。我們不配獲得如此偉大的榮耀，能在天主聖言和至聖聖體中與天主相遇，但在彌撒開始時，主祭的問候提醒我們，上主與我們同在。誠如梅瑟、若蘇厄、基德紅和其他許多人一樣，我們可以滿懷信心地信靠天主的幫助。我們可以相信，天主的力量將會補足我們的欠缺。

宗徒的問候

另一式禮儀性的問候，出自聖保祿在他的書信中所使用的問候語。例如，主祭說：「願天父和基督，賜給你們恩寵及平安。」（參閱羅馬書1章7節；格林多前書1章3節；迦拉達書／加拉太書1章3節；厄弗所書／以弗所書1章2節；斐理伯書／腓立比書1章2節）

這問候語特別強調我們的信仰是由宗徒傳下來的事實，基督將自己的使命和權威委託給他們，之後，他們將這權威傳給了他們的繼承者。今日的主教是宗徒的直接繼承者，並與他們的司鐸共享了宗徒的使命。當我們聽到「願天父和基督，賜給你們恩寵和平安」（致候詞第二式）時，就會意識到我們與聖人們的共融，這些聖人自聖保祿時代以來，在整個教會歷史中，都曾經受到這些話語的問候。

「也與你的心靈同在」

最後，讓我們思考一下我們對問候語的回答「也與你的心靈同在」吧。這句話反映了聖保祿在致迦拉達人的書信中所使用的語言（參閱迦拉達書6章18節），並表達了重要的神學論點。

我們不要產生一種印象，認為我們的回答「也與你的心靈同在，神父！」僅僅是基本的互相問候而已。此刻，在彌撒中與主祭之間相互的問候，具有豐富的意義。藉著回答「也與你的心靈同在」，我們承認了在我們所領受的「聖秩聖事」這神聖的禮儀中，天主聖神透過主祭而展現出來的特殊行動[8]。誠如傑里米・德里斯柯爾（Jeremy Driscoll, 1951-，本篤會士、神學家）所詮釋的：

信友在向主祭的「心靈」致意，即是主祭內心最深處的部分，他正是在那裡被授予聖秩，領導信友進行這神聖的儀式。他們實際上是在說：「現在就成為我們的主祭吧！」他們意識到司祭只有一位，就是基督自己，而眼前這位代表基督的主祭必須準備充分，才能慎重地執行他神聖的職務。[9]

一位現代聖人曾強調，為主祭祈禱為何如此重要，尤其是在彌撒的過程中：

> 我請求所有基督徒認真地為我們這些司鐸祈禱，使我們學習以神聖的方式舉行至聖的祭獻。我請求你們對神聖的彌撒表達深厚的愛。如此，你們將鼓勵我們這些司鐸以恭敬的態度，本著神聖與人性的尊嚴舉行彌撒聖祭；保持祭衣和其他用來敬拜天主的用品的整潔，動作莊重，避免匆忙。[10]

---

8 Pius Parsch著〈The Liturgy of The Mass〉（St. Louis B. Herder, 1957），109。

9 Jeremy Driscoll著〈What Happens at Mass?〉（Chicago: Liturgy Training Publication, 2005），25。

10 Josemaria Escriva著〈A Priest Forever〉(homily) 45，Charles Belmonte在〈Understanding the Mass〉文中引用此文（Princeton, NJ: September, 1989）53。

因此，讓我們進入禮儀美麗的祈禱中，並為我們的司鐸祈禱，使他們能以相稱於天主的恭敬和虔誠，走近這至聖的奧蹟中吧。

4 懺悔詞

我向全能的天主和各位教友，
承認我思言行為上的過失，
我罪，我罪，我的重罪。
為此，懇請終身童貞聖母瑪利亞、天使、聖人，和你們各位教友，
為我祈求上主，我們的天主。

為我們的罪過向天主獻上道歉是不夠的。假如我們得罪了全能的天主和其他的人，我們需要坦白承認，並認清我們行為的嚴重性。我們的行為造成某些後果，我們傷害了他人，我們破壞了我們與天主的關係。

人們常常想要將自己的罪過合理化（「這又不是什麼了不起的大事，天主不會介意的」），我們為自己找藉口（「我不是時常做這種事的呀，我過了辛苦的一天」），或者，我們責怪別人（「跟他來往真令人感到挫折」、「不過，這是她先開始的」）。但，彌撒不會讓我逃脫這些。在這一點上，彌撒禮儀挑戰我誠實地面對真實的自己，「我犯了重罪」。我受到挑戰，要為自己的行為負起責任。在這祈禱中，我不責怪他人或為自己的行為找藉口，我為「自己的思言行為上的過失」負起完全的責任。我謙遜地承認我自己犯下的罪過：「我罪，我罪，我的重罪。」

逐漸接受真實的自己和對自己的過失表示誠懇的痛悔，在與天主同行的道路上，這是我們應該常做的事。當我們即將在彌撒中接近天主神聖的臨在時，這一點更是絕對不可或缺的。

準備與天主相遇

在聖經中，當天主向祂的人民顯示祂神聖的臨在時，通常都是出人意料之外的。人們立刻反應出畏懼和驚訝，甚至，有時候伏俯在地，或遮住他們的臉。他們覺得自己完全不配站在天主面前（參閱創世紀17章3節；28章17節；出谷紀3章6節；19章16節）。伯多祿（彼得）、雅各伯（雅各）和若望（約翰）突然看見耶穌顯示祂光輝面容的那一刻（瑪竇福音17章6節）也有同樣的反應，聖若望宗徒在神視中意外看見光榮的基督時，也伏俯在地（默示錄1章17節）。

然而，當以色列子民預先知道天主要來到他們中間時，他們為這神聖的相遇細心準備自己。例如，以色列子民有三天的時間，準備自己在西乃山與上主會面，祂在雷聲、閃電和雲彩中來到他們面前，直接對他們說話，並向他們頒布盟約，即：天主十誡。在這些準備的日子裡，他們被教導要將自己奉獻給上主，清洗他們的衣服，以象徵他們渴望洗滌自己內心的罪過（參閱出谷紀19章9–19節）。

當我們每次去參與彌撒時，我們也要為這與上主神聖的相遇準備自己。但我們與天主的相會，遠比古代以色列子民所能想像的要深厚得多了。因為，在神聖的禮儀中，我們不僅接近了天主以雲彩形式顯示的臨在，也接近了我們的主耶穌基督臨在於聖體聖事中的體和血。我們將在領聖體時，以聖事性的方式領受至聖的主。

我們真的不配參與這一切。的確，我們的罪過與我們在彌撒中所做的形成鮮明的對比。因此，主祭邀請我們在全能的天主和眾人面前，謙遜且公開地承認自己的罪過，以此為我們自己做準備，參與和慶祝這神聖的奧蹟。誠如以色列子民來到西乃山，在走向上主之前需要清洗他們的衣服，同樣，在彌撒中來到天主前，我們也需要清除我們靈魂上的罪過。確實，洗滌是聖經中清除罪惡的象徵：「求祢把我的過犯洗盡，求祢把我的罪惡除淨……求祢洗滌我，使我比雪還要白。」（聖詠集／詩篇51篇4節，9節）

「我……承認」

這段經文稱為〈懺悔詞〉，其拉丁文的意思是「我承認」，在聖經的傳統裡是指某人承認自己的罪過。有時候是以正式的公開悔罪形式舉行（參閱厄斯德拉下／尼希米9章2節），其他時候則是個人自然的回應（參閱聖詠集32篇5節；38篇18節）。

在聖經的智慧文學著作裡，承認自己的罪過深受鼓勵（參閱箴言28章13節；德訓篇4章26節），舊約法律甚至要求百姓承認某些罪惡（肋未紀／利未記5章5節；戶籍紀／民數記5章7節）。舊約中有些人代表國家表示痛悔，為全體以色列人民的罪惡公開懺悔（申命紀9章20節；厄斯德拉下1章6節）。

承認個人罪過的做法也延續到新約時代，始於洗者若翰（施洗者約翰）的跟隨者，他們在接受洗者若翰的悔罪的洗禮時，公開承認自己的罪過（參閱瑪竇福音3章6節；馬爾谷福音／馬可福音1章5節）。新約其他章節也有基督勸導跟隨者要這樣做的記載。若望教導我們要承認自己的罪過，並且相信主將赦免我們：「假若我們明認自己的罪過，天主既是忠信正義的，必赦免我們的罪過，並洗淨我們的各種不義。」（若望一書1章9節）雅各伯也勸告我們要彼此認罪，互相請求對方的祈禱，使我們能脫離罪惡：「所以你們要彼此告罪，彼此祈禱，為得痊癒，義人懇切的祈禱大有功效。」（雅各伯書5章16節）

由於承認自己的罪過在古代以色列和新約時代頗為普遍，因此，早期基督徒在參與感恩祭之前都會承認自己的罪過，這就不會令人感到驚訝了。在我們擁有的最早一份不是來自聖經、有關感恩祭記載的資料中，即第二世紀初期基督徒稱為〈十二宗徒訓悔錄〉（*Didache*，或稱為十二使徒遺訓）的文本中，也可以看到這點：「在主的日子聚會時，擘餅並舉行感恩祭；但首先要承認你的過失，好使你的祭獻成為純潔無暇的。」[1]

在〈十二宗徒訓悔錄〉中所描繪的這種早期做法，反映了聖保祿有關在參與感恩祭前「人應反省自己」的教導，否則便是「不相稱地吃主的餅，或喝主的杯」（格林多前書11章27－28節）。

良心省察

在〈懺悔詞〉裡，我們不僅向「全能的天主」，也向「各位教友」承認我們的罪過。此祈禱文是依循雅各伯的教導「你們要彼此告罪」（雅各伯書5章16節），它強調了罪惡所造成的社會性影響。我們的罪過影響了我們與天主，以及我們彼此之間的關係。〈懺悔詞〉也挑戰我們要認真反省我們在四方面的過失：思、言、行為和缺失。想一想這四方面如何成為絕佳的良心省察。

首先，我的思想：聖保祿勸告我們要謹守我們的心思念慮，使它們專注在美善的事物上：「凡是真實的，凡是高尚的，凡是正義的，凡是純潔的，凡是可愛的，凡是榮譽的，不管是美德，不管是稱譽，這一切你們都該思念。」（斐理伯書4章8節）。耶穌在山中聖訓中舉出我們在思想上可能犯罪的方式，例如：即使沒有在身體上傷害某人，我們也可以對某人發怒來傷害他（參閱瑪竇福音5章22

節）。即使沒有觸碰某人的身體，我們也可以用貪戀的思想，在心中姦淫了對方（參閱瑪竇福音5章27–28節）。

評判別人、憂慮未來或陷入深度沮喪，這也是導致我們犯罪的其他途徑（參閱瑪竇福音6章25–34；7章1節）。你是否與憤怒、評判或貪戀的思想掙扎呢？與焦慮、沮喪的思想掙扎呢？與虛榮、嫉妒或貪婪的思想掙扎呢？這些都是我們要向天主承認的。避免罪惡不僅僅是我們永遠該做的，也是控制我們思想和靈魂的渴望。

第二，我的言語：〈雅各伯書〉警告我們，舌頭是火。我們說出的話可以用來祝福人，也可以詛咒人，當惡意使用言語時，它可以造成極大的混亂：「小小的火，能燃著廣大的樹林。」（雅各伯書3章5節）

聖經提到，我們的言語可以藉許多方式造成傷害，例如：流言（參閱格林多後書12章20節；弟茂德前書／提摩太前書5章13節；羅馬書1章29節），誹謗（羅馬書1章30節；弟茂德前書3章11節），辱罵（瑪竇福音5章22節），謊言（迦拉達

1　〈十二宗徒訓悔錄〉14，Andrew Louth 編輯，〈Early Christian Writings〉, Maxwell Staniforth譯，（New York: Penguin, 1968），197。

書3章9節；智慧篇1章1節；德訓篇7章12－13節），吹噓（聖詠集5篇5節；75篇4節；格林多前書5章6節；雅各伯書4章16節）。〈懺悔詞〉要求我們為這一切省察我們的良心，其他與言語有關的罪過，我們也必須向天主承認。

第三，我的行為。這部分包含了大多數人認為的罪行，也就是直接傷害他人或破壞我們與天主關係的行為。我們可以用十誡來省察我們的良心。

第四，我的缺失。這是最具有挑戰的部分。我們不僅要對我們的自私、驕傲和惡行負起責任，並且在審判之日，我們將要為我們沒有做到的善事負責。誠如〈雅各伯書〉所教導的：「人若知道該行的善，卻不去行，這就是他的罪。」（雅各伯書4章17節）

〈懺悔詞〉提醒我們，基督徒的道路並非只是一條避免罪惡的思、言、渴望和行為的「消極道路」，基督信仰的最終目標是效法基督。避免打破規定還不夠，我們必須學習如耶穌一樣去愛。我們必須穿上基督和祂的德行。保祿勸導哥羅森人（歌羅西人）要穿上憐憫、仁慈、謙卑、良善和含忍，而最重要的便是愛（哥羅森書3章12－15節）。耶穌不要我們只避免犯罪，而要我們在祂的自我奉獻的愛中成長。

這便是為何富少年的罪是如此悲慘的原因（參閱瑪竇福音19章16－24節）。他是一名令人印象深刻的猶太少年，遵行了所有的誡命——確實完美！然而，他卻不願意回應基督的召喚，因為他無法放棄自己的財物，施捨給窮人，然後跟隨耶穌。這便是他的下場：儘管在〈懺悔詞〉良心省察中的前三項（即思、言、行三方面）他能拿到甲等，但他卻未能追求耶穌要求他的更高美善，因而仍然離天國很遙遠。彌撒中的〈懺悔詞〉挑戰我們問一問自己，在我們生活中是否有些事物，即使不是壞的事物（例如那名富少年擁有龐大財物，卻讓財物控制了自己的心），使我們無法跟隨基督的召喚呢？

我的重罪？

最後，讓我們想一想，在這經文中，我們表達深刻痛悔自己罪過的三種有力方式。首先，在開始念〈懺悔詞〉時，我們不是只說「我犯了罪」，我們承認自己的行為何等嚴重。我們說「我犯了重罪」，以此回應了達味王向天主發出的懺悔之詞：「我作了這事，實在犯了重罪。」（編年紀上／歷代志上21章8節）

其次，我們搥著胸說：「我罪，我罪，我的重罪。」這種搥胸是古代聖經表示深刻痛悔和認罪的動作（參閱納鴻先知書2章7節；路加福音18章13節）。這是耶穌死後，群眾在十字架下所做的動作。他們哀傷地離開了加爾瓦略山，「都搥著胸膛，回去了」（路加福音23章48節）。

第三，我們不僅承認我們犯了罪，而且我們重複說三次：「我罪，我罪，我的重罪。」

為何重複三次呢？難道只說一次承認自己的過失不夠嗎？為何要說三次呢？想一想我們向他人表達歉意的不同方式吧，當我們在某些小事情上犯錯時，我們可能只對與此事相關的某人說：「對不起。」但，假如是嚴重的事，我們對自己的行為深感後悔，我們可能多次道歉，並且以不同的方式說：「非常抱歉……我真的後悔我做了這事……請原諒我。」

在禮儀中，〈懺悔詞〉幫助我們認清，得罪天主是非同小可的一件事。我們必須對自己所犯的錯誤和應該做卻未能做到的善行負起責任。因此，在彌撒中，我不只是向天主道歉，在誦念〈懺悔詞〉時，我表達衷心的悔過，並謙遜地承認我犯了罪——我罪，我罪，我的重罪。

5

垂憐經

主祭：上主，求祢垂憐。
信友：上主，求祢垂憐。
主祭：基督，求祢垂憐。
信友：基督：求祢垂憐。
主祭：上主，求祢垂憐。
信友：上主，求祢垂憐。

在準備進入那將要與全能天主相遇的禮儀的奧蹟中時，我們也要與剛才在〈懺悔詞〉中呼求的童貞聖母瑪利亞、所有的天使和聖人連結在一起，並與他們相遇。

現在，我們懷著敬畏之情，愈來愈走近天主神聖的臨在，以及在禮儀中前來與我們相聚的天使和聖人。在這個時刻，我們不得不祈求天主的憐憫，因為我們意識到天主愈來愈走近我們，因而感到些微的不安，覺得自己不配面對祂的神聖臨在。這是很自然的現象，此時想要謙遜地祈求天主的憐憫，也是一種自然的反應。誠如一位神學家所闡述的：

我們與天使和聖人一起來到祂的面前，我們祈求祂向我們顯示祂的仁慈，賜予我們救恩。這祈求帶著重複、立即、甚至有些結結巴巴的語氣：「上主，求祢垂憐。上主，求祢垂憐。基督，求祢垂憐。基督，求祢垂憐。上主，求祢垂憐。上主，求祢垂憐。」[1]

憐憫的真正意義

聖經列出了一些關於人懇求天主憐憫的感人章節，例如〈聖詠〉第51篇，尤其突顯出人真誠和受傷的懇求。在這篇聖詠裡，達味在天主面前敞開自己的心，坦承自己所犯的罪。他承認自己的過失，並請求寬恕：

天主，求你按照你的仁慈憐憫我，
依你豐厚的慈愛，消滅我的罪惡。
求你把我的過犯洗盡，求你把我的罪惡除淨，
因為我認清了我的過犯，我的罪惡常在我的眼前。
我得罪了你，唯獨得罪了你，因為我作了你視為惡的事。

——聖詠集51篇3至6節

但，祈求天主的憐憫是什麼意思呢？假如我們沒有清楚瞭解憐憫的真正意義，這種懇求很容易受到誤解。教宗聖若望保祿二世曾提出，有時候，憐憫被誤認為在施予憐憫者與接受憐憫者之間建立「不平等的關係」，因此，天主被看成一位不過是寬恕了自己迷途臣民的全能君王而已。

1 Driscoll,〈What Happens at Mass〉26.

不是兒童遊戲

從錯誤的觀點來看，禮儀中的「上主，求祢垂憐」可能被解釋為一種類似「拜託你」的兒童遊戲中，孩子們發出的求救聲。在這種比賽中，兩個孩子彼此扣住對方的手，然後以他們全身的力氣推擠對方，直到較弱一方的手腕被扭到痛，發出「拜託你」的喊聲，懇求對方放手為止。

聖經中的憐憫並非如此。浪子回頭的比喻是說明憐憫的更好例子。在這故事中，放蕩不羈的兒子在他的遭遇中痛苦不堪，開始在自己惡行中看見所犯的罪。他謙卑地悔過，並返回父親的家。按照教宗聖若望保祿二世的詮釋，這故事中的父親「清楚看見他兒子內在的善良，感謝那真理與愛的神秘光芒的照射，他似乎忘記兒子所做的一切壞事[2]」。在這種情況下，父親不僅原諒了兒子的冒犯行為，他也看見正發生在兒子身上的美好變化，即是：他內心的改變，他為自己的罪惡行為感到後悔，他想要使自己的生活回歸正道。父親滿心喜悅地看到兒子內在的美善，熱烈地歡迎他回家。

這使我想起一件事。有一次，我觀察我的兩個孩子在不同的房間玩耍，他們沒有注意到我在觀察他們。那時我的女兒四歲，她的弟弟兩歲。弟弟正在自己的大腿上玩著他最心愛的玩具，突然間，姐姐走過來，從他的手中奪去他的玩具，得意洋洋地準備離開。

可預料地，我的兒子露出一臉的驚恐，正要嚎啕大哭時，我準備走進房間制止姐姐做出這樣不正義的事。就在那時，她把玩具放回弟弟的手裡，又給他一個大大的擁抱，並且說：「很對不起，這是你的玩具。」

我無法相信眼前的一切！一秒鐘前，我正要糾正我的女兒，但現在我看見她已經為自己所做的事感到羞愧，並想要補救自己的錯誤。她清楚地表示不喜歡自己傷害了弟弟的這件事實。她請求他的原諒，並把玩具還給他。因此，我沒有處罰她，我只想擁抱她。我所看見的，是超過她的過失（搶他的玩具），我看見了她的心（她愛自己的弟弟，為了自己傷害弟弟的行為而感到難過，因而主動地向弟弟做出真誠的道歉）。

無論何時，當我們犯罪後真誠地悔過時，我們的天父也以同樣的方式看待我

2 聖若望保祿二世發表〈Dives in Misericordia〉（一九六〇年十一月三十日），6。

們。祂不僅看到我們罪過的法律事實，祂也看見我們痛悔的心。誠如〈聖詠集〉作者所說：「天主，你不輕看痛悔和謙卑的赤心。」（聖詠集51篇19節）的確，天主不拒絕誠摯和痛悔的心。

這才是瞭解憐憫的正確脈絡。真正的憐憫不是像世上握有權力的法官可以隨意赦免犯人那樣，真正的憐憫是天主對我們的愛，即使在面對我們的罪時也不改變。天主不僅僅是想要像法官那樣赦免你，祂還希望像朋友一樣原諒你。祂希望像醫生一樣醫治你，並像你的摯愛之人一樣，再度與你結合。

「上主，求祢垂憐」

儘管〈垂憐經〉主要是表達痛悔，但它也可視為強有力的祈求禱文——一種在我們生活中呼求天主幫助的禱文[3]。例如：早在第四世紀，〈垂憐經〉（其原文為希臘文*Kyrie eleison*）是希臘基督徒在禮儀中誦念的祈求禱文[4]，反映了他們採用新約表達祈求的經文。

在福音裡，許多人來到耶穌面前，懇求祂以仁慈憐憫醫治他們，並在生活中幫助他們。例如：兩名盲人來到耶穌面前，對祂說：「達味之子，可憐我們吧！」（瑪竇福音9章27節；20章30–31節）盲人乞丐巴爾提買（巴提買）也向耶穌提出同樣的懇求（參閱馬爾谷福音10章46–48節；路加福音18章38–39節）。同樣地，十名癲病人也呼求耶穌說：「師傅，耶穌，可憐我們吧！」（路加福音17章13節）

以相同的方式，我們也可以在〈垂憐經〉裡將我們的痛苦託付給上主，相信祂必安慰和治癒我們。這不僅包括了我們的過失，也包含我們身體上的衰弱、我們個人的考驗，甚至我們自己**靈性上的弱點**。你是否也曾經覺得自己像福音中那些孤單、患病和受苦的人一樣，急切地需要天主的幫助呢？那麼，就在彌撒中來到耶穌面前吧。將那些壓倒你的重擔或憂慮帶到祂面前，經驗祂對你強有力的支持吧。**上主，求祢垂憐！**

在陷入黑暗與不確定的時刻，如同兩千年前來到耶穌面前的盲人一樣，你也在彌撒中，來到耶穌面前吧！求主引導你，幫助你看見，指示你該做什麼。**上主，求**

3 參閱Parsch著〈Liturgy of the Mass〉95。

4 參閱Joseph Jungmann著〈The Mass〉(Collegeville, MN: Liturgical Press, 1975) 168。

祢垂憐！

當你因自己的弱點無法改變，或無能克服自己的過錯或罪惡而感到軟弱無力時，讓彌撒中的耶穌與你相遇，如同兩千年前耶穌遇見癱瘓者一樣，相信祂會使你站起來，再度行走。**上主，求祢垂憐！**

當你覺得你的生命需要重新開始時，就在彌撒中來到耶穌面前吧，如同福音中的許多人物，他們將自己所關懷的一切交託給祂，當他們向耶穌呼喊「主，求祢垂憐」時，他們找到了安慰與力量。

對他人的憐憫

福音也述說，來到耶穌面前的人，不僅為他們自己，也為他們所愛的人懇求憐憫。一位母親呼求耶穌幫助她的女兒，喊道：「主，達味之子，可憐我吧，我的女兒被魔糾纏的好苦啊！」（瑪竇福音15章22節）一位父親為了他的兒子的痛苦狀況，不顧一切地懇求耶穌，說道：「主啊，可憐我的兒子吧！他患了癲癇病，很苦，屢次跌在火中，又屢次跌在水裡。」（瑪竇福音17章15節）

每次當我們在彌撒中念或唱〈垂憐經〉時，我們也可以將我們心愛的人託付給主。就如聖經中那位母親和父親一樣，我們可以說：「求主垂憐我那位剛失業的朋友吧！」、「求主垂憐我那位罹患癌症的鄰居吧！」、「求主垂憐我的女兒，她感到孤獨、不快樂，失去生活方向。」湯瑪斯．霍華德（Thomas Howard, 1473-1554，英國第三代諾福克公爵）對〈垂憐經〉寫出了如此美麗的反省：

> 在〈垂憐經〉裡，我們可以聽到從全人類心底發出，上升至天堂的、難以探測的呼求。
>
> 垂憐的呼求發自所有的寡婦、所有被遺棄和受虐待的兒童，發自所有受到傷害的人、所有囚犯與流亡者，發自每名病患，發自所有受傷的野獸，我們也相信，發自被人類汙染的江河與海洋，和那烙印著劫掠者所留下的傷痕的山水風景。然而，在禮儀中，我們代表整個痛苦呻吟的受造物，站立在天主面前。[5]

---

5 Thomas Howard著〈If Your Mind Wanders at Mass〉(Steubenville, OH: Franciscan University Press, 1995), original empnasis, Google Books.

為何用希臘文？

許多聖人都曾經對禮儀中三重呼求天主憐憫的意義進行了反思。有些人認為這是對耶穌作為我們的兄弟、救主和天主的三種身分所發出的呼求，而其他人則將其視為對天主聖三的呼求，意味著我們向聖三中的每一位祈求憐憫（上主＝聖父；基督＝聖子；上主＝聖神）。

傳統上，〈垂憐經〉以希臘文誦念。聖多瑪斯．阿奎納（St. Thomas Aquinas）指出希臘文是使用在禮儀中的三種語言之一，其他兩種是希伯來文（例如「阿肋路亞」和「阿們」）和拉丁文（在他的時代裡，是西方教會共同使用的禮儀語言）。對多瑪斯而言，這三種禮儀性的語言反映了耶穌十字架上牌子所使用的三種語言（參閱若望福音19章19–20節）。

對於為何在禮儀中以希臘文而不以拉丁文祈求天主的憐憫，聖師亞伯爾（St. Albert the Great）提出不同的解釋：

信仰由希臘文傳給我們這些拉丁人，伯多祿和保祿藉希臘文傳給拉丁人，救恩從他們傳給我們。因此，我們可以留意，恩寵是以希臘文傳給我們的。甚至目前，我們保存了人們當初用以祈求上主憐憫的每個文字，因為我們擁有可敬的前輩們教導我們應該遵守的傳統。[6]

現在，在懺悔了我們的罪過和將自己交付給天主慈愛的憐憫之後，我們已準備好要以喜悅的讚美，為即將到來的禮儀中令人欣喜的祈禱文〈光榮頌〉，獻上我們的感恩。

6 聖師亞伯爾之著作，Thomas Crean 在其文章〈The Mass and the Saints〉中引用此文（San Francisco Ignatius Press, 2008），44－45。

6

光榮頌與集禱經

天主在天受光榮，主愛的人在世享平安。
主、天主、天上的君王、全能的天主聖父，
我們為了祢無上的光榮，
讚美祢、稱頌祢、朝拜祢、顯揚祢、感謝祢。

眾所周知的下一段祈禱文〈光榮頌〉，是一首典型的歌曲，但它不是一般的讚美詩。其開端的第一句歌詞，出自天使在白冷（伯利恆）的野外向牧羊人宣報基督誕生的好消息時所唱的歌曲：「天主受光榮於高天，主愛的人在世享平安。」（路加福音2章14節）

在主日禮儀開始時詠唱這首喜悅的歌曲，是很適宜的（除了將臨期與四旬期之外），因為每台彌撒都是聖誕奧蹟的再度臨現。誠如兩千年前，天主以嬰孩耶穌的形象出現在世界上，同樣，祂也在每台彌撒聖祭中，以聖事性的方式來到我們的祭台上。因此，藉著重複唱頌天使在白冷用來宣報基督來臨時相同的讚美之歌，我們做好準備迎接耶穌的來到。

聖經字句大集合

此外，〈光榮頌〉中處處充滿了聖經的字句。事實上，這段早期基督信仰的祈禱詞，可以被形容為直接取材自聖經的天主稱號和讚美天主的大集合。任何熟悉聖經的基督徒都會在這段祈禱詞的每一步驟中，聽見聖經的迴響。的確，唱或誦念〈光榮頌〉的基督徒將會與整個救恩史中的男女——甚至天堂的天使與聖人——連結在一起，因為祂是主，並且因祂偉大的救恩而讚美天主。

這篇祈禱詞採用三位一體天主的模式，也就是從聖父到聖子，再到聖神。以讚美聖父為開端，稱祂為「天主，全能的聖父」和「天上的君王」（兩個對天主共同的聖經稱呼）。祂常被稱為「全能的天主」（創世紀17章1節；出谷紀6章3節）或「全能的上主」（巴路克先知書3章1節；格林多後書6章18節）或單單稱「全能者」（聖詠集68篇14節；91篇1節）。在〈默示錄〉裡，天堂的天使與聖人不停地讚美「全能的上主天主」（默示錄4章8節；11章17節；15章3節；19章6節）。

同樣，〈光榮頌〉也讚美天主為天上的君王，這也指出天主無限的能力與對我們的照顧。在聖經中，天主被形容為君王（參閱聖詠集98篇6節；99篇4節；依撒意亞43章15節）、以色列的君王（依撒意亞／以賽亞書44章6節）、光榮的君王（聖詠集24篇7－10節），甚至是超越其他一切神祇的偉大君王（聖詠集95篇3節）。在〈光榮頌〉裡，稱天主為天上的君王，使我們明認祂是萬王之王，表達在我們生活中，我們接受祂的統治，將自己完全順服於祂。

以父為先

在〈光榮頌〉裡，我們稱上主為「全能者」和「天上的君王」，我們為祂以無限的大能統治天上和地下而讚美祂。然而，誠如《天主教教理》所說明的，我們必須在「天主是一位愛我們的父親」的脈絡中來看天主的能力，那便是我們在〈光榮頌〉裡所看見的，我們稱祂為「主，天主，天上的君王，全能的天主聖父」。我們並非只提及祂的能力與王權，還繼續讚美祂為我們天上的父親。

假如天主僅是一位握有一切權柄的君王，我們可能覺得祂是一位高高在上、任意使用自己權威、為所欲為的神明。然而，誠如《天主教教理》所稱的，天主擁有的是「慈父的全能」（270）。天主是一位美善的父親，祂要將最好的給予祂的子女。因此，祂的能力與祂愛人的心是協調一致的，即是：總是找尋對我們有利的，提供我們一切所需[1]。

當我們明白我們的天主是何等美善——當我們看見祂不僅是全能的神，也是一位愛我們的父親，祂出於自由地與我們分享祂的美善時——我們不得不發出最大的感謝與讚美。如同戀人們以各種不同的方式告訴彼此「我愛你」一樣，我們對天主說「為了祢無上的光榮，我們讚美祢、稱頌祢、朝拜祢、感謝祢」，以此表達我們對天主的愛。最有

1 「天主的全能絕非任意妄為的：在天主身上，能力和本質、意志和理智、智慧和正義都是同一的事，因而在天主的能力範圍內，不能做任何不符合天主的合理意願或明智理性的事。」《天主教教理》二七一。

意思的是，我們為了天主的光榮而讚美祂，這是最純粹的讚美——不僅是為了天主為我們所做的一切而愛祂，我們也為了祂的本身、祂的光榮美善、祂的愛而愛祂。

三幕劇的故事

〈光榮頌〉的下一段在述說一則故事，就是一則有關耶穌基督的故事。如同一齣三幕劇，〈光榮頌〉總結了基督的救恩工程，由(1)祂以一名嬰兒來到世界上；到(2)祂在十字架上救贖的死亡；到(3)祂勝利的復活與升天。

主，耶穌基督，獨生子；
主，天主，天主的羔羊，聖父之子；
除免世罪者，求祢垂憐我們。
除免世罪者，求祢俯聽我們的祈禱。
坐在聖父之右者，求祢垂憐我們。

〈光榮頌〉的「第一幕」是關於降生奧蹟，即天主聖子降生成人，成為一個嬰孩。我們可以從這段祈禱文給耶穌的兩個稱號（「聖父之子」和「獨生子」）中看出這一點。這二個稱號使我們想到新約中指出耶穌是天主聖子的各個章節，例如：〈若望福音〉5章17至18節；10章30至38節；〈格林多後書〉1章19節；〈哥羅森書〉1章13節；〈希伯來書〉1章1至2節。但，最特殊的是，這兩個稱號呼應了第四部福音書的序言中一段戲劇性的敘述，使我們專注在降生的事蹟上——即天主之子降生成人的奧蹟。

若望以如詩般的優美文字省思了耶穌究竟是誰。耶穌不僅是宗教導師、先知或天主的使者，耶穌自己就是天主，是宇宙的創造者，將要從罪惡中拯救我們。〈若望福音〉的序言指出耶穌是與天主同在的永恆聖言，從起初，祂就與父同在，藉著祂，萬物得以受造（參閱若望福音1章1至4節）。若望省思的高峰，便是令人驚訝地宣稱這神聖永恆聖言所做的令人無法想像的事，就是：「聖言成了血肉，寄居在我們中間。」（若望福音1章14節）換言之，若望的福音以令人驚異的寫作方式，宣布宇宙之主真實地成為我們中的一位，取了人的形體和人的本性。

我們從聖若望的角度來想一想這是什麼意思。若望是耶穌的門徒，是基督生命的目擊證人，是耶穌最親密的門徒（參閱若望福音13章23節；19章26–27節）。在耶穌死而復活的多年之後，聖若望寫下了他的福音，並令人驚訝地宣稱，這位耶穌，他最好的朋友，這位他親眼見過、親耳聽過、親手觸摸過的（參閱若望一書1章1–5節）便是永恆的聖言，藉著祂，萬物得以受造，祂是天主的聖子！他繼續談論耶穌，說道：「我們見了他的光榮，**正如父獨生者的光榮。**」（若望福音1章14節）這就是我們每次詠唱〈光榮頌〉時所回應的字句。

因此，當我們在〈光榮頌〉中讚美耶穌是「獨生子」時，我們不只因為祂是導師、使者或由天主派遣的先知而承認祂。我們採用〈若望福音〉優美的神學語言，進入他描繪的、令人敬畏的基督奧蹟之中。我們與聖若望一起讚美耶穌，天主聖子，這位取了人的形體，寄居在我們中間的永恆聖言。

羔羊與君王

〈光榮頌〉的「第二幕」進入耶穌走向十字架的故事。我們讚美耶穌是天主的羔羊，這使我們想起〈默示錄〉中戲劇性的主題：羔羊戰勝了罪惡與魔鬼（參閱默示錄5章6至14節；12章11節；17章14節）。耶穌就是為了我們的罪犧牲自己性命、戰勝魔鬼的羔羊。由於祂在十字架上的勝利，天上的天使與聖人朝拜祂（參閱默示錄5章8節；12–13節；7章9–10節；14章1–3節）。藉著在〈光榮頌〉中稱呼耶穌這名號，我們與天堂的天使和聖人一起朝拜〈默示錄〉中所顯示的羔羊。

在〈光榮頌〉的這部分裡，我們稱呼耶穌是「除免世罪的天主羔羊」。與此相似的是，我們重複了洗者若翰首次看見耶穌走過時所說的先知性話語（參閱若望福音1章29節）[2]。這些話顯示了耶穌是新的逾越節羔羊，祂為了我們的罪，在十字架上奉獻了自己的生命。誠如第一個在埃及的逾越節之夜，人們宰殺了羔羊，好能解救以色列子民免於死亡，同樣地，新的逾越節羔羊——耶穌——在加爾瓦略山做了犧牲，好能拯救全人類免除了因罪惡而造成的死亡詛咒。

最後，〈光榮頌〉的「第三幕」聚焦在耶穌升到父那裡，統治天上和地下。我們讚美耶穌如今在天上握有至高無上的權柄——「坐在聖父之右者」。這句話使我們想起馬爾谷對耶穌升天的描述，祂「坐在天主的右邊」（馬爾谷福音16章19

2 參閱本書第24章〈羔羊頌〉。

節）。在聖經裡，右邊表示有權威的位子（參閱聖詠集110篇1節；希伯來書1章13節）。在〈光榮頌〉裡，我們為基督統治天地以及祂永無終窮的王國作見證（達尼爾／但以理書7章14節）。我們謙遜地祈求祂「收納我們的祈禱」並「垂憐我們」。

總之，請注意〈光榮頌〉如何總結了耶穌的全部使命。從聖子的降生到祂在十字架上光榮的勝利，再到祂坐在天上的寶座上。我們從讚美耶穌是取了肉身、住在我們中間的天父的「獨生子」，到朝拜祂是「天主的羔羊」，祂的犧牲洗淨了世界的罪惡。我們也讚美祂戰勝了罪惡與死亡，因為祂「坐在聖父的右邊」。的確，〈光榮頌〉為基督整個奧蹟做了總結。

從〈垂憐經〉到〈光榮頌〉

二十世紀中葉的禮儀神學家皮烏斯．帕什（Pius Parsch, 1884-1954）稱〈光榮頌〉為「對〈垂憐經〉懇求的快樂回應[3]」。在〈垂憐經〉裡，我們表達我們需要救恩和天主的憐憫。在〈光榮頌〉裡，我們為已經從基督領受的救恩，快樂地表達我們的感謝。因此，當我們表達我們渴望一位救主時，〈垂憐經〉讓我們進入將臨期的奧蹟中，而當我們感謝天主派遣祂的聖子來救贖我們時，〈光榮頌〉則表達了聖誕節的喜悅。

我們參與彌撒時，意識到兩件事：一是我們何等需要救恩，二是我們已經得到救贖了。當我想到第一件事時，我認清我的渺小；當我注意第二件真理時，我察覺我的力量；在第一件事上，我看見我的軟弱與極度的貧乏；在另一件事上，我看見我的能力與偉大。讓我們將我們對救恩的盼望放入具有祈禱意味的〈垂憐經〉中吧。在喜樂的〈光榮頌〉裡，讓我們滿懷信心地唱出我們的得救，如此，我們在每台彌撒中慶祝將臨期和聖誕節。[4]

對於〈光榮頌〉是〈垂憐經〉的回應，聖亞伯爾有類似的觀點，他說：「這就好似天主在說：『我必要答覆你的呼喊，我要在聖事中派遣我曾派遣到世界上，即

3 Parsch著〈Liturgy of the Mass〉，105。
4 同上，105－106。

是我曾派遣給你們祖先的那一位，使你能同他一起，從你的罪惡中被救出，並充滿各種美善。』」[5]

反帝國的祈禱詞

接下來，〈光榮頌〉以三個聖經的稱號，即「聖的」、「主」、「至高無上的」來讚美耶穌，以此回應基督拯救的使命：

因為只有祢是聖的，
只有祢是主，
只有祢是至高無上的。
耶穌基督，
祢和聖神
同享天主聖父的光榮。
阿們。

稱耶穌為「至高無上的」，使我們想到天主是超越所有其他「神祇」的聖經稱呼（創世紀14章18節；聖詠集7篇17節）。同樣，舊約通常稱天主為「以色列的聖者」，一方面表示天主的本性就是聖的，完全有別於其他的神，另一方面則表示以色列與這位至聖的天主之間獨特、親密的關係（聖詠集71篇22節；箴言9章10節；依撒意亞1章4節；歐瑟亞／何阿西書11章9－11節）。

新約顯示了耶穌是至聖的。在〈默示錄〉3章7節裡，祂以此神聖的稱號稱呼自己，在〈默示錄〉16章5節裡，天使也給祂這稱呼。當許多門徒因耶穌對於聖體聖事的教導而離開祂時，伯多祿依然忠實於祂，並承認祂是「天主的聖者」（若望福音6章69節），甚至邪魔也承認耶穌是「天主的聖者」（馬爾谷福音1章24節；路加福音4章34節）。

或許最顯著的稱號是「只有你是主」。在聖經裡，「主」（*Kyrios*）是對天主的稱呼。但在古代的羅馬世界裡，「主」也是對皇帝的稱呼。因此，稱耶穌為「主」，指祂是天主（格林多前書8章6節；斐理伯書2章11節），這也是極端反帝

5 同上，47。

國的。新約宣稱耶穌（而非凱撒）為主！在古代羅馬世界裡，若有人說耶穌是唯一的主，將被視為羅馬皇帝的敵人。事實上，許多早期的基督徒為信仰而死，他們拒絕朝拜羅馬皇帝或其他羅馬眾神。今天，〈光榮頌〉挑戰我們要忠於耶穌基督和祂的誡命，超過世上任何事物，無論是職業、所有物、財務保障、身分地位或家庭。「只有祢是主」。

〈光榮頌〉以天主聖三中的第三位——聖神——作為結束。讚美耶穌基督「祢和聖神，同享天主聖父的光榮」。如此，這首讚美詩簡潔地以對至聖聖三的崇敬而達到高峰並結束。

〈光榮頌〉之後，主祭邀請信眾以集禱經一起祈禱。此祈禱經文集合了參與彌撒者的祈禱意向，並以此結束進堂式。

PART

3

聖道禮儀

THE LITURGY OF THE WORD

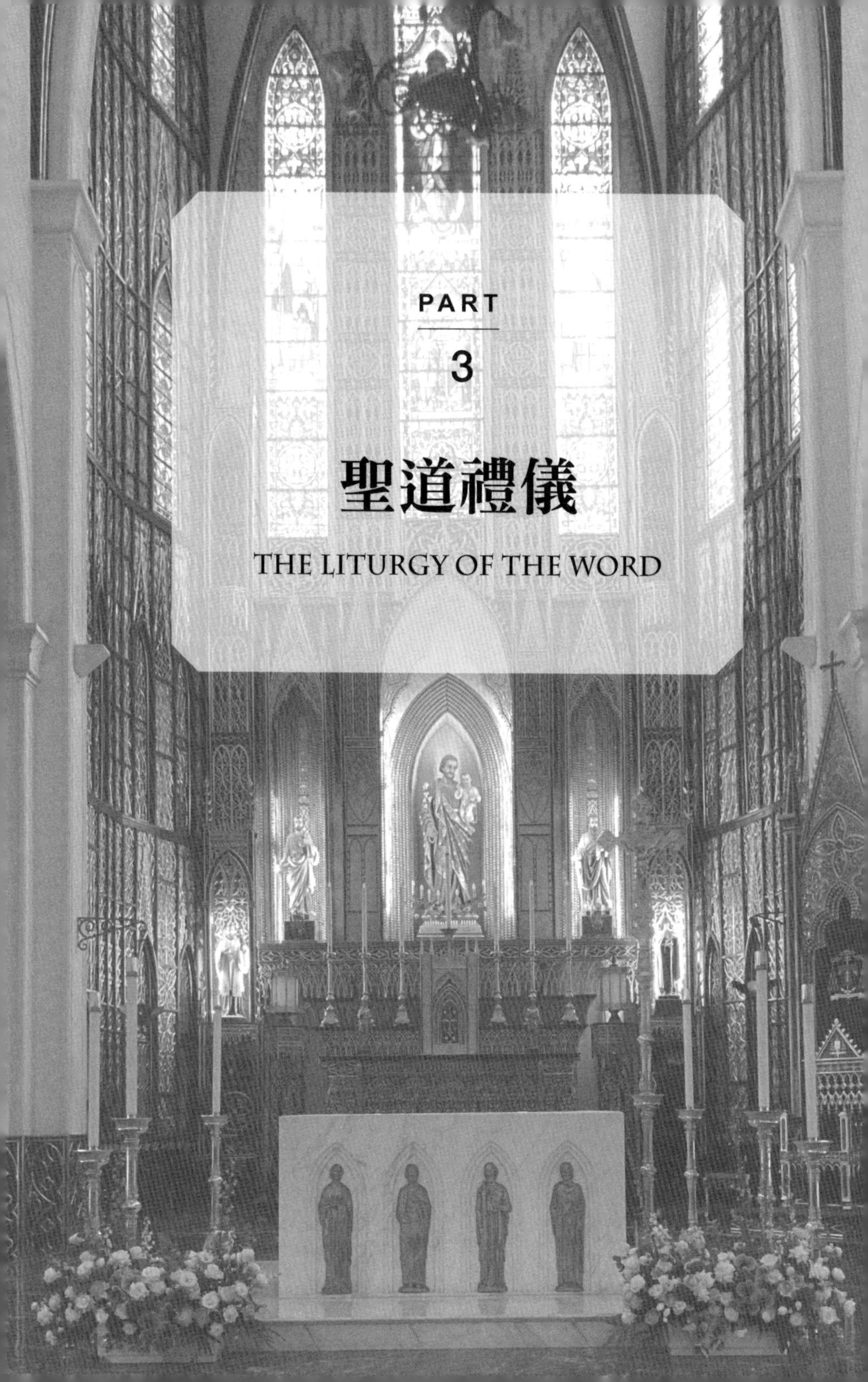

教會常以兩張餐桌的圖像表達彌撒兩部分（聖道禮儀與聖祭禮儀）之間的連續性。首先，透過聖道禮儀中宣讀聖經，我們在聖經的餐桌（讀經台）上得到滋養；然後，在聖體的餐桌（祭台）上獲得主的身體的餵養。

聖體是耶穌的體和血，與此同時，聖經引導我們與在聖體內的耶穌有更深的共融。教宗本篤十六世指出，彌撒的這兩部分不僅並列，而且還有內在的結合，以致它們一起形成了「一個朝拜的行動」。

教宗本篤十六寫道：「從聆聽天主聖言產生了信仰或加深信德（羅馬書10章17節）；在聖體裡，聖言成了血肉，將祂自己給予我們，當作精神食糧。這樣，『從天主聖言與基督聖體的兩張桌子上，教會領受並給予信眾生命之糧』……故此，我們必須時常牢記於心，教會在禮儀中所宣讀的天主聖言，引導我們走向基督聖體，這是它固有的目的。」[1]

僅專心地坐在其中一張餐桌上，是不能達到此目的的。我們需要來自於天主聖言和基督臨在於聖體內的啟迪。十五世紀的多瑪斯．耿稗思（Thomas a

Kempis）在他的靈修著作〈師主篇〉（Imitation of Christ）中表達靈魂何等渴望從這兩張餐桌上獲得滋養：「沒有這兩樣，不能善生，因為祢的言語，是靈性的光明；祢的聖事，是養生的糧食，這兩樣，可叫做兩張桌子，一桌可做祭台，在上面有聖餅，就是基督的聖體。一張放著聖經，在聖經內，包含著真理，教訓人真正的信德，引人衝開帳幕，直到聖所。」[2]

❖天主對你說話

讓我們先注意第一張餐桌，即是聖道禮儀。選自聖經的天主聖言，遠超過倫理教導和靈修洞察。它們所提供的教導，比如何以門徒身分跟隨耶穌更多。的確，聖經不僅談論天主，聖經是天主自己的言詞。因此，在聖道禮儀裡，我們與天主對我們每個人所說的話相遇。

這並不是說，聖經不是人的話語。聖經是在歷史中某個時刻，由人寫

1 教宗本篤十六〈愛的聖事〉（二〇〇七年二月二十二日）44。

2 〈師主篇〉卷4，11。

給某個特殊團體的。聖經的每部書都包含作者個人的寫作風格、個性、神學觀點和牧靈關懷。但聖經也受到天主靈性的啟發（默感）。「默感」一字出自希臘文 *theopneustos*，其意義是「天主的呼吸」（參閱弟茂德後書3章16節）。在受天主默感的聖經各部書裡，天主透過聖經作者所採用的人的文字呼出了祂神聖的話語。

因此，聖經如同耶穌基督一樣，是人的作品，更是天主的作品。誠如梵二大公會議所說明的：「在撰寫這些神聖的書籍時，天主選擇了某些人，在這工作上，祂自始至終地任用他們，使他們發揮自己的技巧和能力，儘管天主在他們內工作，也被天主所用，但他們是真正的作者，受天主的交託，僅寫出天主要他們寫的一切。」[3]

聽到天主的話是一件嚴肅的事。在西乃山，在天主向以色列子民講述盟約之前，他們以三天的時間準備自己。在彌撒裡，我們以進堂式——十字聖號、〈懺悔詞〉、〈垂憐經〉和〈光榮頌〉——準備自己，好能與天主聖言相遇。在畫了十字聖號，承認我們不配來到天主面前，祈求祂的憐憫和唱出對祂的讚美之後，我們坐下，仔細聆聽天主透過祂在聖經中所默感的字句，對我們說話。這是一種個人與天主的相遇，誠如梵二大公會議所說：「在聖經裡，天上的父，帶著愛來與祂的子女相會，並與他們交談。」[4]

為了感謝聖道禮儀的深厚意義和真實所發生的一切，讓我們想一想，向我們宣讀聖經的讀經員是何等令人驚異的角色。讀經員不單單是公開宣讀聖經者，在彌撒裡，讀經員是上主的工具，藉由他／她，天主要對信眾宣布祂的聖言。想想這點，天主借用讀經員的聲音，好使天主在彌撒中對我們說話。宣讀天主的聖言是何等令人驚喜的殊榮呀！聆聽天主對我們說話又是何等美好的福氣啊（參閱默示錄1章3節）！

3 梵二大公會議〈天主啟示憲章〉11（一九六五年十一月十八日）；《天主教教理》106。

4 〈天主啟示憲章〉21；《天主教教理》104。

❖世上最偉大的聖經研讀

在禮儀崇拜中，週期性地選讀聖經的概念，是古代猶太民族的方式。在第一世紀猶太會堂的崇拜儀式中，已規律性地誦讀法律書和先知書了（參閱路加福音4章16－17節；宗徒大事錄13章14－15節；15章21節）。[5] 第三世紀的辣彼（拉比，指猶太人的精神導師）證實了在會堂崇拜儀式中，有定期誦讀法律書和先知書的習慣，這可能反映了耶穌時代的做法。一些辣彼的證據甚至指出，當時可能使用了三年的讀經週期。

同樣，我們主日彌撒的聖道禮儀是以三年為週期，分別選自聖經不同部分：舊約、聖詠集、新約和福音。甚至這些讀經的順序都有其意義，因為它反映了天主的救恩計畫。讀經通常從舊約到新約——從以色列到教會。福音的宣讀使聖道禮儀達到高峰，反映出耶穌如何是救恩史的中心，所有聖經內容都指向祂。

因此，彌撒是世上最偉大的聖經研讀。天主教徒只要參加主日彌撒，就走了一趟偉大的、強調新舊約之間關連的聖經之旅。平日彌撒的讀經以兩年為週期，在禮儀中提供更廣的聖經選讀。這些讀經不是按司鐸或信眾的喜愛而自聖經中挑選的；相反地，這些讀經涵蓋聖經的主要部分，在某種意義上，它不依賴於信眾的偏好或專長，而是挑戰主祭與信眾更全面地接受天主的聖言。[26]

❖禮儀年

選自聖經的讀經也配合教會不同的時期與節慶。一方面，教會透過禮儀年的各時期，與我們一起走過耶穌的生活與使命。在將臨期的四週裡，我們回憶舊約時期人們對救主的盼望。在聖誕期裡，我們歡慶天主之子的誕生，祂來到世界上，居住在我們中間。在四十天的四旬期裡，我們參與

5 Josephus,〈Against Apion〉2,18, 175、Philo〈On Dreams〉2,18,127

耶穌在曠野中的祈禱與齋戒，以準備在聖週裡進入基督的苦難中。在五十天的復活期內，我們慶祝耶穌光榮的復活與升天，在第五十天的五旬節（聖神降臨節）中，與祂所派遣的聖神達到高峰。禮儀年其餘的時間稱為常年期，它使我們專注在耶穌公開的傳教生活上。

在整個一年中，教會也要我們注意不同的信仰奧蹟。例如：基督聖體聖血節，是慶祝天主所建立的聖體聖事。天主聖三節則聚焦於天主三位一體（聖父、聖子、聖神）的關係與表徵。諸聖節是讚美天主所完成的超性工程，祂將軟弱、有罪的人類轉變為聖人，並提醒我們自己成聖的召喚。散佈在一年中的還有許多聖人的慶節和紀念日，在效法基督方面，他們都是我們學習的榜樣。聖人之中，最主要的是榮福童貞瑪利亞，在禮儀年中我們時常紀念不同的聖人，但我們更要慶祝瑪利亞的無原罪始胎、她的誕生、她的蒙召升天，以及她在天主救恩計畫中的角色。

當然，一年中的每一天，我們都要讚美耶穌生命的每個層面，尤其是祂的死亡與復活。我們要為信仰的奧蹟和祂賜予我們的聖人而不斷感謝祂。但作為人類，我們無法一下子瞭解基督的全部奧蹟，這就是為什麼教會要設立一些特別的日子，對耶穌生命的某方面或天主教信仰的某方面給予關注、感謝和讚美的原因。誠如一位禮儀學者所指出的：「教會每年看見祂以嬰兒的模樣躺在馬槽裡，在曠野裡守齋，在十字架上奉獻自己，從墳墓中復活，創立祂的教會，建立聖事，升天，坐在父的右邊，派遣聖神降到我們身上。這一切神聖奧蹟的恩寵都在教會內得以更新。」[6]

在我們的生命中，年復一年地與教會同行，使我們更感謝基督和祂的救恩工程，就好像家庭慶祝生日、紀念日和其他重要日子和事件一樣。例如，在我的家庭裡，我們用一般的方式為每天彼此生活中的祝福感謝天主，但我們也慶祝生日，這能幫助家庭團聚在一起，為這個特殊的孩子而

6 Dom Gueranger,〈The Liturgical Year〉I,1 general preface.

感到榮幸，並特別感謝一個人的生命所帶來的恩賜。儘管我每天為我的妻子和我的婚姻祈禱，但慶祝我們的結婚紀念日卻是一年一度的機會，以更特別的方式為彼此生命的祝福和我們共享的聖事性結合感謝天主。

教會是天主的家庭，教會適當地標示出特殊的日子來慶祝生日、紀念日以及天主救恩計畫中關鍵性的一面。在這超性的家庭裡，基督親臨在各種不同的慶祝中。誠如教宗碧岳十二世所教導的：「教會一心一意所推動並伴隨的禮儀年，並不是對過去事件冷酷而毫無生氣的再現，也不是對過往世代簡單平淡的記錄，而是基督自己永遠活在祂的教會中。在這裡，祂繼續著祂在凡人生活中以祂的愛所開始的仁慈之旅，四處行善，目的是讓人們認識祂的奧蹟，並按照這些奧蹟生活。這些奧蹟既是當下的，也是持續活潑、有生氣的。」[7]

7 教宗碧岳十二世〈天主的中保〉（一九四七年十一月二十日），165。

7 讀經一

讀經一通常選自古代猶太聖經，即所謂的舊約（除復活期之外，依循古代的做法，此時期的讀經一選自〈宗徒大事錄〉）。猶太聖經被稱為舊約，但並不意味著我們應該認為其訊息是古老且不合時代、脫離現實，或不再有任何關連了。

的確，舊約不是完整的救恩故事，它等待著在耶穌基督內圓滿的神聖啟示。但教會仍以恭敬的態度接受它，視它為「可信靠的神聖教導」[1]。事實上，若不知道舊約中以色列的故事，我們就不能充分地瞭解耶穌和新約。因為，耶穌的故事就如同一本偉大著作的最後一章或一部偉大電影的高潮一幕，我們愈能瞭解先前在故事

1 〈天主啟示憲章〉15，在舊約中「隱藏著我們得救的奧秘。」（天主教教理122）。

中許多戲劇性的曲折轉變（舊約中的以色列故事），就愈能瞭解耶穌故事的高峰和新約中祂的王國。

彌撒的讀經包括舊約，能幫助我們進入以色列民族的故事，且更清楚看到聖經的整體性[2]。因為，誠如梵二大公會議的教導回應了聖奧思定的思想：

新約應隱藏在舊約中，舊約應彰顯在新約中，這是天主使之發生的。因為，雖然基督以祂的血建立了新盟約，但舊約的各部書都融入在福音的訊息中，在新約中呈現它們完整的意義，並光照和說明了新約。[3]

主日彌撒和節慶日的第一篇讀經與當日的福音是相符合的。有時候，是在主題上的前後呼應，說明舊約故事與福音之間的關連性或相對性。在其他時候，讀經強調舊約如何預示了基督和教會。逾越節的圖像與聖體聖事的讀經有關連。〈出谷紀〉的故事與洗禮相連結。第一位女人厄娃（夏娃）預示了耶穌的母親瑪利亞。達味王朝的官員預示了伯多祿與教宗的職位。透過舊約與新約之間這些動人的相互作用，透過讀經一與福音，聖經的交響樂便在聖道禮儀中不斷地迴響著。

感謝天主

讀經一讀完後，讀經員說：「上主的聖言。」一位神學家指出，這種宣布如同高聲呼喊或勝利的宣告，提醒我們，人能藉著聖經聽見天主對我們說話，這是何等不可思議的事啊：

我們應以無比的驚訝聽見這宣布。將天主在我們中間發言視為理所當然的事，是多麼愚蠢啊。當我們衷心說出「感謝天主」時，就表達了我們的驚喜，並且不將它視為理所當然的。[4]

這份感謝，是對天主的美善和祂在歷史中的行動表示感恩。這是聖經中從舊約（編年紀上16章4節；聖詠集42篇4節；95篇2節）到新約（哥羅森書2章7節；

2 第二屆梵蒂岡大公會議，〈羅馬彌撒經書〉（一九六九年四月三日）。
3 〈天主啟示憲章〉16。
4 同上，40－41。

4章2節）一種共同的朝拜方式。聖保祿採用這句特殊的「感謝天主」，以感謝天主由罪惡與死亡中解救了他（參閱羅馬書7章25節；格林多前書15章57節；格林多後書2章14節）。

由於全部聖經最終都指向基督的救贖工程，因此，我們以聖保祿用來喜悅地表達他對基督在十字架上的勝利的感謝之語「感謝天主」，來回應在聖道禮儀中所宣讀的聖經，這是理所當然的。

因此，我們的回答不應該是乏味、含糊不清、心不在焉的「感謝天主，嗯……我猜應該要感謝吧」。讓我們如同坐在我們偉大君王面前的男男女女，為了自己能有如此殊榮而深感驚訝，就像聽見我們的君王親自向我們說話一般，也對其發出回應。當我們熱誠地說「感謝天主」時，讓我們對上主聖言的感恩與驚喜，不停在我們心中蕩漾著。

回應之後便是一段靜默，我們滿心驚異地坐著，朝拜剛才向我們發言的天主。在〈默示錄〉中，靜默是天堂禮儀的一部分（參閱8章1節），靜默給予我們時間反省我們剛才聽到的話——讓我們成為瑪利亞，她「將這一切默存心中，反覆思索」（路加福音2章19節）。

儘管有些敬拜的領導者可能覺得，應該要將禮儀中的每分每秒都填滿了音樂、動作、回應或某些宣告，但在彌撒中，為信眾提供內在的空間和內心的安靜，是合乎聖經的精神、且極為悅樂天主的。讓天主聖言在他們靈魂中扎根，深信天主啟示的話和聖神在人心中的激動，比任何人想要說出的言語更強而有力。

8 答唱詠

聆聽了在第一篇讀經中的天主聖言之後，我們不以我們貧乏的人類語言來回答天主，而是採用〈聖詠集〉中，天主親自默感的讚美與感謝的話來回應天主。的確，這便是答唱詠的意義之所在：用天主自己啟示的讚美與感謝之詞，以愛與天主對話。這是何等完美的與天主交流的方式，也是對聖道禮儀做出的適當回應！

誦念聖詠（或更好的方式，詠唱聖詠）有助於營造對讀經默想的祈禱氣氛。在敬拜天主時採用聖詠，是十分自然的事。聖保祿勸勉他的信眾詠唱聖詠（參閱哥羅森書3章16節）。在禮儀敬拜中採用聖詠，是古老的傳統。

〈聖詠集〉收集了一百五十篇神聖的詠讚詞，作為聖殿禮儀中個人敬禮和公開朝拜之用。在聖殿裡，聖詠的詩節由兩組人輪流對唱，並在聖詠前後有共同的對經。我們在〈聖詠集〉裡看見一些說明，例如，有些聖詠註明「願以色列子民說……」（聖詠集124篇1節；129篇1節），那似乎是標題，邀請會眾回應。在〈聖詠集〉136篇也可以看見類似的標題。聖詠以「請眾感謝上主，因為他的仁慈永遠常存」作為開端，在以後的詩節中列出感謝天主的種種理由。每句詩節都以這類的詞句開始，例如：「唯獨他行了偉大的奇能」或「他率領百姓在曠野繞行」。每句詩節都以相同的句子「因為他的仁慈永遠長存」作為結束。

這種在領與答之間來回的呼應，指出了禮儀性的對話，領導者念出開端的一句，會眾答覆。這種類似「對經」的應答，不僅出現在答唱詠中，也出現在整台彌撒裡：「願主與你們同在……也與你的心靈同在」、「上主的聖言……感謝天主」、「請舉心向上……我們全心歸向上主」。

這種向天主祈禱的方式是極具有聖經意義的。梅瑟在西乃山與天主訂立盟約，向以色列子民宣布天主的話時，他們一致以禮儀性的言語回答天主說：「凡上主所吩咐的，我們全要做。」（出谷紀19章8節）當厄次辣（以斯拉）向人民宣讀法律書時，他讚美上主，他們回答：「阿們，阿們。」（戶籍紀8章6節）當聖若望在〈默示錄〉裡描寫在神視中看見天堂的禮儀時，他看見無數的天使讚美上主說：

「被宰殺的羔羊堪享權能、富裕、智慧、勇毅、尊威、光榮和讚頌。」然後一切受造物回答說：「願讚頌、尊威、光榮和權力，歸於坐在寶座上的那位和羔羊，至於無窮之世！」那四個活物就回答說：「阿們！」（默示錄5章11–14節）

這些天堂的高聲讚美和堅定的回答，表達了在天主面前的天使與聖人充滿敬畏的喜悅。湯瑪斯．霍華德解釋道，那就好似，當我們發現某人能分享我們內心的信念，當我們聽見某人說出我們完全同意的話、我們熱衷的事，甚至是我們自己無法表達的情感或信念時的那種興奮。當某人說出深深觸動我們內心的話時，我們不得不表達喜悅的贊同。我們覺得有必要加入對話，並肯定地說：「是的！完全就是那樣！」

與那些對我們最重要的事物抱持一致看法的人在一起，的確是一種莫大的喜悅。天堂上的天使與聖人，在這方面擁有更大程度的喜悅。站立在美善與愛的天主面前，他們不得不發自內心地讚美和感謝祂。他們似乎需要證實並回應彼此讚美與感謝的話語。

有些天使和聖人開始光榮天主說：「羔羊值得……接受……尊威和光榮和讚頌！」其他的天使和聖人高聲讚美，表示衷心贊同，說道：「願羔羊受讚頌和尊威和光榮。」還有一些不想要被排除在外的天使和聖人，他們也必須表達他們的熱情，而高聲說「阿們」。霍華德將〈默示錄〉中所有來回不停讚美天主的天使、聖人和受造物想像為「舞蹈」，這就是我們在彌撒中受邀參與的。

宇宙，一切受造的萬物，所有天使和聖人，都邀請我們說：「請來，與我們一起跳舞吧！」彌撒中的對答經文是早期為在永恆天主聖三前跳舞而編的舞蹈中重複部分的訓練。天使色辣芬（撒拉弗）知道此對應部分：在禮儀一開始時，我們就被邀請進入這令人極為喜悅的一應一答之中。當我們以聖詠回答時，就踏出了加入這舞蹈的第一步。[1]

彌撒禮儀中的對話，很明顯地是依循聖經的敬拜模式，甚至於更是天堂的敬拜模式。因此，無疑地，早期基督徒採用了這個模式，並將它融入他們對天主的朝拜中。至少，早在第三世紀已經在彌撒中誦念聖詠，領唱者詠唱聖詠，會眾時常以聖

1 同上，74－75。

詠的第一句來回應[2]，這種模式像似古代以色列子民在朝拜天主的儀式中以聖詠作回應的方式。這些儀式便是今日答唱詠的基礎。

2 Belmonte,〈Understanding the Mass〉47.

9

讀經二

在主日和節慶日的彌撒中，有第二篇讀經。這些讀經選自新約中四部福音之外的部分，即是宗徒書信、〈宗徒大事錄〉和〈默示錄〉。雖然讀經一和宣讀福音通常是單獨挑選的，但在禮儀年的某些時期，經文的選擇有時候會配合我們所慶祝的奧蹟。例如：適合聖誕期的經文便是〈若望一書〉，它聚焦於天主的愛在耶穌基督身上降生成人。

在一整年中，我們在彌撒中誦讀這些經文是很適合的，因為其中許多經文原本就是要在基督徒團體的禮儀聚會中正式宣讀的。例如：〈默示錄〉的前幾節便是對宣讀和聆聽這神聖訊息的宣讀者和團體的祝福：「那誦讀和那些聽了這預言，而又遵行書中所記載的，是有福的！」（默示錄1章3節）同樣地，在聖保祿書信之一的結束詞中，他寫道：「我因主誓求你們，向弟兄朗讀這封書信。」（得撒洛尼前書／帖撒羅尼迦前書5章27節）這些新約的作品反映了耶穌基督的奧蹟、祂的救恩工作以及對我們生命的意義，也提出了我們在基督內生活的實行方法，並勸勉我們要盡力「穿上基督」，避免罪惡。

這些書信也使我們與宗徒的教會有所連結。我們看見生活在非基督徒文化中的人們所面臨的掙扎。我們看見生活在基督徒團體中的弟兄姊妹所經歷的考驗。我們看見他們如何尊敬洗禮、感恩祭、婚姻與司祭職。我們也看見他們如何與罪惡爭鬥。我們看見他們相信生命中最重要的事——天主、愛、真理、美德、仁慈、聖德與天堂。最重要的是，藉著這些書信，我們與宗徒們的信仰相遇，也看見了他們如何努力使自己的全部生命符合基督死亡與復活的奧蹟。

這便是為何第二篇讀經如此重要的原因。在他們的故事裡，我們發現自己的故事。因為在讀經二裡所遇到的當時教會，是今天同一的教會。我們生活在宗徒建立的同一教會中。我們生活在相同的故事裡，我們面對兩千年基督徒歷史，當時門徒所面對的同樣陰謀和考驗，以及引導他們堅持信仰的同樣希望。天主透過讀經二，召喚我們要如同那些宗徒們一樣地忠信，使我們的生活符合耶穌基督的心意。

10
福音

突然間，禮儀中的一切都改變了。請注意，在此時此刻，對於彌撒中這段特殊的讀經——宣讀福音，一切都是不同的。主祭、執事和信友對這段讀經表示特別的恭敬，這是對聖經其他部分所沒有的。

對福音的特殊恭敬是有意義的。儘管全部聖經都是天主所啟示的，但福音卻有其特殊的地位，「因為福音是關於降生成人的聖言、我們救主的生活與講道之主要證據」（天主啟示憲章18）。彌撒反映了福音的特別卓越地位，並且以幾種方式呈現了對福音的特殊恭敬：

- **站立：**信友起立歡迎耶穌基督，祂將在所宣讀的福音中對我們發言。當厄次辣宣讀法律書時（參閱厄斯德拉下8章5節），站立是當時猶太會眾表示恭敬的姿勢。在讀經一、答唱詠，或讀經二，我們並不站立。但當我們現在要準備聆聽耶穌在福音中對我們說話時，我們起立並榮耀祂。以這種方式歡迎耶穌是很適宜的，表達我們對祂的恭敬，並準備聆聽祂的發言。

- **阿肋路亞**：信友說或唱「阿肋路亞」，這是表達喜悅的希伯來文，意思是「讚美雅威（耶和華）」或「讚美上主」[1]。在許多聖詠的開端和結束，我們都可以看到（參閱聖詠集104–106篇；111–113篇；115–117篇；146–150篇），天堂的天使採用它為基督的救贖工程讚美天主，並向參與羔羊婚宴的人宣布基督的來臨（參閱默示錄19章1至9節）這種喜悅的讚美，是歡迎即將在福音中來到我們面前的耶穌的適宜方式。
- **福音遊行**：在唱阿肋路亞時，執事或主祭開始遊行，進入聖所，從祭台上拿福音書，走向讀經台，並將福音書放在讀經台上。輔祭手持蠟燭與香爐，伴隨福音書，進一步強調接下來禮儀部分的隆重性。讀經一或讀經二或答唱詠並無這動作。福音前的遊行幫助我們準備與福音中的基督相遇。
- **主祭的祈禱**：為了準備自己擔任宣讀福音的神聖職務，主祭在祭台前默念：

「全能的天主，求祢潔淨我的心與唇，求你使我誠心誠意恭讀祢的福音。」（假如是執事宣讀福音，主祭則是對他說「願全能的天主使你誠心誠意地宣讀祂的福音」並降福）。這禱文使我們想起，當依撒意亞先知向以色列人民宣讀上主的聖言之前，需要先潔淨自己的唇舌——當一位天使用火炭接觸他的口時，他的罪得到赦免，於是，他被召喚開始執行先知的使命（參閱依撒意亞6章1-9節）。在其他讀經之前不做這種默禱，只有主祭或執事在宣讀主的福音前，才默念這禱文。

● **十字聖號**：在致候詞（「願主與你們同在……也與你的心靈同在」）之後，主祭或執事宣布將要宣讀的福音（恭讀……福音），然後，他在自己的前額、口唇、胸前以及福音書上劃十字聖號。信友同時也在自己前額、口唇、胸前劃三個十字聖號。藉著這儀式，我們將自己的思、言、行為奉獻給上主，祈求天主使福音的話常在我們的腦海中、口中與心中。

1 四旬期不用歡樂的「阿肋路亞」，而改用「主，耶穌基督，願光榮和讚頌歸於祢」或「主，耶穌基督，無限光榮的君王，我們讚美祢」。

與耶穌相遇

所有這些儀式——站立、阿肋路亞、遊行、蠟燭、香爐和劃三個十字聖號——都向我們大聲說出，我們正在走近彌撒最神聖的時刻。當宣讀福音時，那時刻就來到了。福音的記載並不是昔日的簡單故事，也不是對耶穌遙遠記憶的紀錄。因為聖經是天主啟示的書，福音是天主用自己的話來述說基督的生命。誠如教會所教導的：「當教會在宣讀聖經時，天主自己向祂的子民發言，宣讀福音時，基督親臨在祂的話語中。」[2]

因此，福音的宣讀，便是以深刻的方式使耶穌的生命臨現於我們中間。我們不是坐在教堂長椅上的旁觀者，來這裡聽一聽很久以前耶穌在巴勒斯坦所言所行的事。我們也不是來聽有關耶穌的新聞報導，或來聽一場第一世紀著名宗教人物的演講。基督透過福音中天主啟示的話向我們每個人說話。

例如：我們不僅是聽見了耶穌召叫人悔改並跟隨祂，我們也聽見**祂對我們說**：「你們悔改吧，因為天國臨近了。」（瑪竇福音4章17節）我們不是單單聽到了耶穌寬恕一名在犯姦淫時被抓到的婦人，而是彷彿聽到耶穌在我們為自己的罪過感到悲

傷時，**對我們說**：「我也不定你的罪，去吧，從今以後，不要再犯罪了。」（若望福音8章11節）

宣讀福音確實是聖道禮儀的高峰，值得我們特別注意。我們已經看見在禮儀上，為了準備宣讀福音而做的所有特殊恭敬的儀式。在我們個人的生活中也應如此。在彌撒之外，花時間閱讀並以福音作祈禱，是一種極好的方式，讓耶穌的故事塑造我們自己生命的故事。我們可以用許多方式予以實行。彌撒開始前，早一點到。並閱讀當天的福音。在每天祈禱中採用福音章節。與朋友和家庭談論福音故事。在搭車前往教堂參與彌撒的途中，請一名家庭成員朗讀當天的福音，讓耶穌的話充滿你的靈魂。這只是一些方法，幫助我們準備心靈，好能在彌撒中恭聽福音時，與耶穌有更深的相遇。

然後，要將福音（以及其他所有讀經）運用在我們生活中的最重要方法，就是要透過聖道禮儀的下一部分——講道。

2〈彌撒經書總論〉29。

11

講道

從最早的基督徒禮儀開始，就不是單單宣讀天主聖言而已，隨後便是解釋聖經章節意義的講道，並為會眾的生活提出運用的方法。在希臘文裡，「講道」一詞的意義是「解釋」。在初期教會裡，主教是主持主日彌撒並講道的代表性人物。最初的這種方式，催生出聖奧思定、聖安博（St. Ambrose，又譯作盎博羅削）、聖金口若望，以及許多其他初期教會著名教父的講道。

然而，解釋聖經章節的禮儀性做法並非始於基督信仰，其根源是古代猶太習俗。例如：在〈厄斯德拉〉（以斯拉記）中，司祭不僅向民眾宣讀法律，也有肋未人（利未人）「為群眾講解法律」（厄斯德拉下8章7節）。他們讀一段天主的法律，「即作翻譯和解釋，如此民眾可以懂清所誦讀的」（厄斯德拉下8章8節）。

猶太會堂也依循相同的方式。讀完一段聖經後，便是經師的解釋。耶穌自己也參與這種習慣做法。祂在自己家鄉納匝肋（拿撒勒）會堂讀完一段聖經後，就做解釋（參閱路加福音4章18-30節），並且定期在全加里肋亞（加利利）會堂教導民眾（參閱馬爾谷福音1章21節；路加福音4章15節）。

為教導信眾，講道是很重要的，如此，他們能瞭解讀經的意義，並運用在他們生活中。藉著講道傳遞信仰極為重要，梵二大公會議的教導指出：「在各種不同形式的基督徒教導中，講道應有『特別』的地位。」[1]

令人痛苦的講道？

教宗方濟各曾指出，儘管有能講出動人道理的優秀講道者，但不幸的是，有些講道內容卻令人感到痛苦——對神職人員在準備講道時是一種痛苦，對信友在聽講道時，也是一種痛苦[2]！為了鼓勵講道者能講一篇良好的講道，他以聖多瑪斯的關

1 〈天主啟示憲章〉24。
2 教宗方濟各，〈福音的喜樂〉（二〇一三年十一月二十四日）135。

鍵原則提醒他們：「將自己默觀的心得，通傳給他人。」[3]

講道不應是長篇大論的演講或抽象的教導，而應是講道者與信友之間心對心的溝通。講道也不應轉變為表演形式——在講道中，主耶穌應是信友專注的焦點，而非講道者。因此，講道的內容必須發自講道者個人在聖經中與主的相遇經驗。講道者關鍵的出發點便是，以祈禱的精神想一想這段經文如何考驗他個人，如何對他提出要求，例如：

- 主，這段經文要對我說什麼？
- 透過這段經文，祢要對我們生命做什麼改變？
- 這段經文對我造成什麼麻煩？
- 為何我對這段經文毫無興趣？
- 我在這段經文中找到什麼使我欣喜之處？
- 經文的哪一個字觸動了我？是什麼吸引了我？為何吸引我？[4]

假如講道者以祈禱的精神和天主談論這段經文的訊息，並允許天主藉著這些神聖字句向他的生命說話，那麼，這篇道理便反映了天主的話藉著講道者自己的言語而呈現出來，深深觸動了信友的靈魂。誠如教宗方濟各所解釋的：「假如主日的讀經首先在牧者心中產生共鳴，那麼，它們也會在信友心中散發燦爛的光輝。」[5]但，假如道理不是出自在祈禱中與天主聖言的相遇，最後所呈現的就是講道者個人的創見、興趣、說話技術和他個人的特質。

更糟的是，誠如教宗方濟各對講道者發出的警告，那樣的話，他們將引領信友走上歧途：「假如他不以開放的心，花時間聽天主的聖言；假如他不讓天主聖言碰觸他的生命，挑戰他，激勵他；假如他不花時間用聖言做祈禱，那麼，他將成為一名假先知，一名騙子，一名膚淺的假冒者。」[6]相反地，假如一篇講道出自講道者在聖經中與耶穌個人的相遇，它就會為信友帶來祝福，並在他們心中激起持續轉向天主的精神。

---

3 多瑪斯．阿奎納〈神學大全〉，〈福音的喜樂〉150。
4 教宗方濟各，〈福音的喜樂〉（二〇一三年十一月二十四日）153。
5 同上，149。
6 同上，151。

誰可講道？

最後，唯有被祝聖的神職人員，即：執事、司鐸或主教，可以講道。宣讀福音也是如此。彌撒中其他讀經可由男女會士或平信徒宣讀，然而唯有執事、司鐸或主教可以宣讀福音。主教，身為宗徒的繼承者——司鐸與執事則分享他的權利——負有宣讀福音的責任，並將基督對宗徒的教導傳遞給所有信眾（參閱瑪竇福音28章18–20節）。由於福音是聖經的核心，將宣讀福音的職責保留給領受鐸品的神職人員，是在提醒我們，**所有選自聖經的讀經**都指向福音，「並在宗徒信仰的權利下予以誦讀和瞭解[7]」。

這也清楚說明為何唯有領受聖職的神職人員才能講道。一名平信徒或男女會士，當然可能更具有口才，或擁有更豐富的神學與靈修的觀點，在主題的發揮上，可能勝過一位司鐸或執事。他們有許多方式可與團體分享他們的恩賜，但這並不是在彌撒中講道的目的。理想的彌撒講道應是發人深省、清晰又可實踐的，並不在於講道者的口才或洞察力。

迪里高爾（Driscoll, 1957-）指出，由領受聖職的神職人員講道，其意義是一種記號，或「保證」講道是出自「教會的宗徒信仰，而非僅是個人私自的思想和經驗。[8]」。儘管全體天主子民都要為教會的信仰作見證，身為宗徒繼承者的主教卻負有教導宗徒信仰的特殊責任。而他與教宗和全世界主教們的聯合，則為宗徒信仰做了進一步可見且具體的見證。司鐸與執事則由於他們領受的聖職，分享了這特殊的職責，因此，他們也能在彌撒中宣讀福音和講道。

7 Jeremy Driscoll著《What Happens at Mass?》（*Chicago: Liturgy Training Publication, 2005*）51。
8 同上，52。

12 信經

為何我們要在主日彌撒中誦念〈信經〉呢？我們真的需要每週重複這信仰宣誓嗎？難道一年一次不夠嗎？畢竟，我們不太可能在短短七天內，戲劇性地大幅改變我們對天主的核心信仰。既然如此，為何我們每個主日都要回到教堂，重申「是的，我依然相信這一切」呢？

〈信經〉開端的關鍵字，清楚說明了我們每週在彌撒中所做的信仰宣誓，即是：「我信。」

按照《天主教教理》，信仰分為兩方面。一方面，信仰是理性的，「是自由地認同天主所啟示的全部真理」（150）。這在信經中最為明顯。我們申明我們相信只有一位天主，耶穌基督是「天主唯一的聖子」，祂在第三天從死者中復活。我們也相信「聖神」和「唯一、至聖、至公，由宗徒傳下來的教會」。

另一方面，信仰也包括個人將自己交託於天主，即是：「人對天主的個人依附。」（天主教教理 150）希伯來文的信仰一字是*aman*，由此字演變為「阿們」，充分表達了此字的意義。按照字面的意義，表示人對某件事物所採取的立場[1]。換言之，從聖經的角度來看，相信天主，並不僅表示人在理性上相信天主的存在，也需要將個人的全部生命交託給天主。信仰真正表達了天主是我們生命的基礎。

婚姻與數學方程式

「信仰」與「相信」之間的差異——全然的交託與理性上的相信——就如同婚姻與數學方程式之間的差異。假如我說「我相信 2+2=4」，我只是表示我認為這個陳述是正確的。然而，當我對妻子說「我相信妳」時，我不僅表示我相信她的存在，我也是在說：「我相信妳……我將自己交託給妳……我把我的生命交給妳。」

1 參閱若瑟拉辛格樞機著〈Introduction to Christianity〉(San Francisco Ignatius Press, 1990), 39。

同樣地，當我們在〈信經〉中念道「我信唯一的天主」時，我們表達了極為個人的信念。這不僅僅是宣稱我們相信天主的存在（儘管我們確實相信），同時我們也表示將自己全部生命交託給為我們創造萬物的那一位。這便是我們在主日彌撒中誦念〈信經〉的理由。正如夫妻定期重申他們對彼此的信任與承諾，一再告訴對方「我愛你」一樣，在誦念〈信經〉時，我們每週都在重複我們對上主的承諾，滿懷愛意不斷地告訴祂，我們將自己順服於祂，祂要引導我們，祂要成為我們生命的基礎——我們「相信祂」。

懷著這種信仰的聖經意識，我們可以清楚看見〈信經〉不僅是一張需要核對的教理清單，其中的「我信……」邀請我們每週將我們的生活臣服於天主。它挑戰我們問道：「誰真正處於我生命的中心？誰或什麼才是我真正信任的？」我們可以自問：

- 我是真正為自己的生命尋找**天主的旨意**嗎？或者，我是先尋找**我的意願**，追求我的渴望、夢想和計畫呢？
- 我有真正將自己的生命託付於主嗎？還是我生命中的某些部分不符合耶穌的方式呢？

- 我是否將自己的憂慮交託在祂的眷顧之下？還是我害怕放棄控制，害怕更依賴天主？

儘管我們之中沒有人的信仰是完美的，但我們在誦念〈信經〉時，就表達了我們渴望自己與天主的友誼能繼續成長，也就是將我們的生命更交託給祂。將全部的信任放在其他人事物——我們的能力，我們的計畫，我們的財務、事業、朋友、政客——上面，都是愚蠢的事，最終只會歸於失望。唯有天主才是值得我們完全信任的。《天主教教理》指出：「由於個人對天主的依附及對祂所啟示的真理的認同，基督徒的信仰有別於對一般人的信任。完全依賴天主及絕對相信祂所說的話，是正確和合理的事。反之，把同樣的信心放在一個受造物身上，卻是虛幻和錯謬的行為。」（150）

信經的根源

〈信經〉是初期教會中信仰文件的總結，是基督徒信仰的規章或準則。它原本是慕道者的洗禮中，他們宣誓教會信仰的儀式的一部分，之後作為保護正確教理和遏止異端的方法。

但因為〈信經〉本身並非出自聖經，我們可能懷疑：「為何這非聖經的經文包含在聖道禮儀中？」為了回答這問題，我們應該注意到〈信經〉綜合了聖經故事——從創造到基督降生成人、祂的死亡與復活、派遣聖神、教會的建立，及基督在世界末日時的第二次來臨，〈信經〉帶領我們走過全部救恩史的故事。

在這簡短的信仰宣誓中，我們可以從〈創世紀〉到〈默示錄〉畫出一條線：創造，墮落，救贖。我們以銳利眼光在這條線上看見三位一體的天主是這齣戲劇的主角：父，子，聖神。誠如一位神學家所詮釋的：「聖經長篇大論所闡述的，〈信經〉則以簡潔文字敘述了。」[2]

舊約的「信經」

以祈禱的精神誦念〈信經〉，有很深的聖經根源。天主召叫古代以色列子民以信仰經文宣示他們的信仰，此經文的開端字便是希伯來文的 *Shema*，意思是

「聽」：「以色列，你要聽：上主我們的天主，是唯一的上主。你當全心、全靈、全力，愛上主你的天主。」（申命紀6章4－5節）以色列子民要時常將這些神聖字句牢記在心中，教導他們的子女，並且在一天之中規律性地誦念：早晨醒來時，晚上就寢時，在家時，上街時（參閱申命紀6章6－9節）。

此信仰經文（*Shema*）講述了一個與以色列周圍民族普遍認知完全不同的世界觀。絕大多數古代中東民族都具有多神信仰的世界觀；他們相信有許多神明，每個部落或國家都有自己崇拜的神靈，人民要設法滿足並取悅祂們。在這種觀點下，宗教通常是部落性、族裔性或民族性的。

在圍繞以色列的高度多神信仰的環境中，「上主我們的天主，是唯一的上主」這句話是一種大膽的反文化表達，宣示了以色列的一神信仰。但對古代猶太民族而言，這不僅僅是關於神明數量的抽象觀點（只有一位），猶太的一神信仰具有顛覆性，它不僅宣告了神只有一位，還表明這位唯一的神與以色列有著特殊的盟約。換

2 Nicholas Lash, *Believing Three Ways in One God: A Reading of the Apostles' Creed* (Notre Dame, IN: University of Notre Dame Press, 1994), 121.

句話說，以色列的神不僅僅是眾多神祇中的一位，更是統治萬國的唯一真神。也因為如此，猶太民族的一神信仰揭開了埃及、客納罕（迦南）和巴比倫眾神的真面目——都是虛假的，根本不是真正的神！以色列的天主才是唯一的天主。

我們必須將我們在彌撒中誦念的〈信經〉視為我們的信仰宣示經文（*Shema*）。正如舊約時代的信仰經文，今天的〈信經〉也有反文化的訊息。它告訴我們關於生命的故事，有別於現代俗化世界一般所教導的。我們這世代是相對主義的時代，其觀點是沒有道德或宗教的真理，沒有對錯，認為世上沒有對每個人都是正確的真理。這種相對性的世界觀宣稱，無論人是相信天主或是相信與自己生命有關的事物，都無關緊要，因為生命沒有真正的意義，每個人應自由決定道德和宗教的價值，對他們的生命可以為所欲為。

宇宙之戰

在這個「什麼都可以」的文化裡，〈信經〉將我們建立在真實的基礎上，並提醒我們，我們的信仰與選擇確實是至關重要的。從創造到基督的救贖工程，以及今日教會成聖的使命，〈信經〉為人類歷史預設了一個敘事框架。

換言之，〈信經〉為我們的生命做了計畫，我們生活在世上是有原因的。〈信經〉宣稱，宇宙的存在並非出於隨機、無緣無故的緣由，而是由一位真天主，「天地萬物的創造者」使之存在的，並按照天主的計畫朝著某方向運行。〈信經〉也告訴我們，這神聖的計畫完全顯示在天主子「降生成人的主耶穌基督」身上，並為我們指出通往幸福與永恆生命的道路。

〈信經〉也指出，耶穌如何「為了我們人類，並為了我們的得救」來到世界上，並帶來「罪過的赦免」。承認我們需要得救和獲得赦免的這個事實告訴我們，在基督來到之前，我們是處於何等恐怖的錯誤之中。它指向撒旦及其奴僕對天主的原始背叛，以及他們如何引誘樂園中的亞當與厄娃，甚至所有人類家庭墮落、犯罪，從而投入反抗天主的陣營。

因此，〈信經〉向我們表達，從創世之始就已掀起的強烈衝突，是善與惡、天主與蛇（參閱創世紀3章15節；默示錄12章1-9節）、聖奧思定所謂的「天主之城」與「人之城」之間的征戰，也是教宗聖若望保祿二世所稱的「愛的文明」與「死亡文化」之間的征戰。

因此，〈信經〉提醒我們，人類短暫有限的生命已經被包含在更廣大的救恩故事中了。在這場戲劇中，我們每人都有重要的角色要扮演。我將如何扮演我的部分呢？〈信經〉不會讓我們留在沒有真理、沒有正確或錯誤的選擇、我們信仰什麼或如何生活都無關緊要、人人皆可創造自己真理的現代相對主義的神話中。〈信經〉提醒我們，在生命的末刻，我們將站立在耶穌基督面前，祂「將要在光榮中再度降來，審判生者和死者」。那時，在天主的審判前，我們生命中的選擇將被衡量，我們將為自己如何度過一生而接受審判。

因此，在這場宇宙性的掙扎中，〈信經〉不會讓我們成為不冷不熱的旁觀者。在我們將要為信仰而戰的征戰中，〈信經〉考驗我們將選擇站在哪一邊。我們會依從那個要我們認為無對與無錯的世界潮流嗎？或者，我們將跟隨那引領我們到達祂永恆王國、獲享幸福的天地之君王呢？當我們在彌撒中誦念〈信經〉來宣誓我們的信仰時，我們公開站立在全體信友與全能天主面前，並宣稱耶穌基督是主。我們隆重地宣誓，我們努力不按世界的標準生活，而全心忠實於我們的主，說道：「我信唯一的天主……」

「與聖父同性同體」

作為總結，讓我們反省在彌撒中誦念〈信經〉時的幾個關鍵字。

首先便是「我」這個字。自第二屆梵蒂岡大公會議後到二〇一一年，英譯版彌撒經文將〈信經〉中的「我」改為多數的「我們」，但單數的「我」使〈信經〉對每個人信仰的內在化更具個人性和挑戰性。誠如《天主教教理》所說的：「『我信』表達了『每個信徒個別所宣認的教會信仰』。」（167）這是我們在洗禮或復活節重發聖洗誓願時所宣認的，每個人都為自己作出回答。主教、司鐸或執事問道：「你棄絕魔鬼嗎？」我們每個人回答：「棄絕。」

其次，我們堅稱天主是「天地萬物，無論有形無形」的創造者，指出天主不僅創造了有形可見的世界（也就是物質世界），也創造了精神體和天使，他們的美麗、有力、能力和尊高遠遠超過壯麗的山岳、深谷、海洋、星辰與超級新星。它也反映了聖保祿論及一切受造物時所說的話：「因為在天上和在地下的一切，可見的與不可見的……都是在祂內受造的。」（哥羅森書1章16節）

第三，讓我們想一想在〈信經〉中念到的基督論的專有名詞，例如耶穌「與聖父同性同體」，這是什麼意思呢？它反映了公元三二五年第一屆尼西亞大公會議的神學用語，宣認聖子與聖父是同性同體的，並斥責異端者亞略（Arius）所提出的教導，他主張「天主子來自虛無」而且是與聖父「非同性同體」（天主教教理465）。儘管「同性同體」的翻譯對現代人來說可能無法脫口而出，但在〈信經〉中採用這正確的名詞，為我們提供了進一步反省天主聖三內基督性體的機會。

另一個是涉及耶穌獨特受孕的重要神學名詞。我們談到天主子「由童貞瑪利亞取得肉軀，降生成人」。「降生成人」指的是「天主聖子取人性，為在人性內救我們的事實」（天主教教理461）。〈若望福音〉說：「聖言成了血肉。」（1章14節）同樣，我們說聖子「因聖神，由童貞瑪利亞取得肉軀而成為人」。的確，天主子不僅是生於童貞瑪利亞，取了人形的永恆天主之子也是與聖父同性同體的！我們無比敬畏天主在瑪利亞胎中降生成人的奧蹟，因此，當念到這句難以形容的話時，我們鞠躬致敬。

13 信友禱詞

聖道禮儀以信友禱詞作為結束。

信友禱詞是彌撒最古老的部分之一，可以從公元一五五年殉道者猷思定（St. Justin Martyr）的信件獲得證明。聖猷思定在寫給羅馬皇帝的信中，說明基督徒在彌撒中所做的一切，列出祈禱和儀式的大綱。他在這封信中敘述，在讀經和講道之後所做的代禱式的祈禱：「然後，我們起立，為自己……和他人祈禱，無論他們身在何處，藉著我們的生活與行為，我們能成為虔誠的，並忠實於天主的誡命，好能獲得永恆的救恩。」[1]

1 殉道者猷思定著〈First Apology〉65、67，《天主教教理》一三四五。

當然，這和我們今天彌撒中的信友禱詞十分相似——一種至少可以回溯到第二世紀傳統中，殉道者猷思定時代的代禱式的祈禱。

但在基督徒歷史中，這種代禱式的祈禱有更遠的淵源。當伯多祿被黑落德王（希律王）監禁時，耶路撒冷的教會「熱切地為他祈禱」，當晚，有天使前來解開伯多祿的鎖鍊（宗徒大事錄12章1–7節）。

當保祿教導他的弟子弟茂德時，也要他為所有的人祈禱：「首先，我勸導眾人，要為一切人懇求、祈禱、轉求和謝恩，並為眾君王和一切有權位的人，為叫我們能以全新的虔敬和端莊，度寧靜平安的生活。這原是美好的，並在我們的救主天主面前是蒙受悅納的。因為他願意所有的人得救，並得以認識真理。」（弟茂德前書2章1–4節）

保祿自己不斷為他的教會團體祈禱（參閱得撒洛尼前書1章2–3節），並請求他們為他的事工祈禱（參閱格林多後書1章2–3節）。基於新約中強烈地要求為他人轉禱，因此，從基督信仰的最早期開始，一般性地為他人代禱在彌撒中就有了其位置，這是非常合情合理的。

你代禱的司祭職

彌撒中，這種一般性的代禱，對信友而言則是代表重要的時刻。因為在這些代禱中，信友實踐了「他們洗禮的司祭職[2]」。所有天主子民——領受鐸品的司祭、會士與平信徒——都具有司祭的角色，這點在聖經中已得到充分的證實。我們是「特選的民族，王家的司祭」（伯多祿前書2章9節），因為基督已經使我們成為「侍奉他的天主和父的司祭」（默示錄1章5-6節）。

在彌撒中，執行我們司祭職的方式之一便是在信友禱詞部分，在那裡，我們參與基督大司祭為全人類家庭的祈禱。耶穌以愛為全世界祈禱（參閱若望福音17章）。祂能拯救「凡由他而接近天主的人，他全能拯救，因為他常活著，為他們轉求」（希伯來書7章25節）。在此刻的禮儀中，我們以特殊的方式，參與基督的轉求。

《天主教教理》指出：轉求「是一顆與天主仁慈相協調之心的特點。」（2635）。

2 〈羅馬彌撒經書總論〉69。

假如我們真正與天主的心相協調，我們會自然地為他人祈禱。聖道禮儀的結束是獻上這些代禱的適當時刻。彌撒進行到此時，信友已經聽到了宣讀在聖經中的天主聖言、對聖經經文做闡述的講道，並且在〈信經〉中總結了我們的信仰。現在，在受到天主聖言的形塑後，信友透過為教會和世界的需要的祈禱，與耶穌同心合意地做出答覆。

由於信友禱詞的範圍是普世性的，是為了掌權者、為了面臨各種需要和痛苦的人、為了萬民的得救，這些代禱訓練我們不僅關注我們自身的利益，「也該顧及別人的事」（斐理伯書2章4節）。

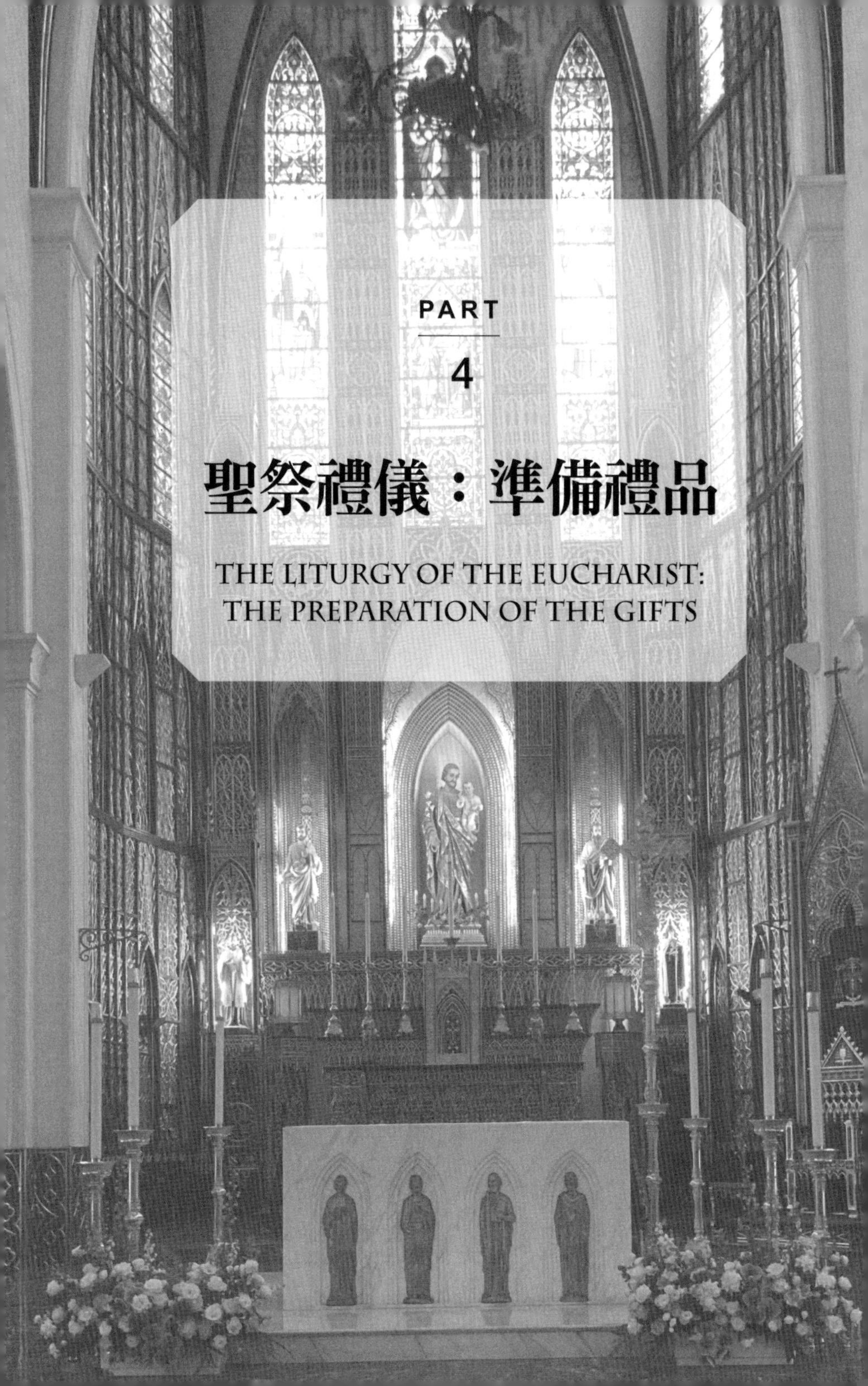

PART

4

聖祭禮儀：準備禮品

THE LITURGY OF THE EUCHARIST: THE PREPARATION OF THE GIFTS

彌撒的第二部分稱為聖祭禮儀。主祭藉著遵照耶穌在最後晚餐所做的事，並遵循耶穌對宗徒們的吩咐，以紀念祂的方式，使耶穌在十字架上的犧牲臨現於我們眼前。

在聖祭禮儀裡，信友將餅與酒當成禮品呈獻，然後由主祭祝聖，使之成為我們在領聖體時所領受的基督聖體和聖血。接下來，我們將分成三部來講述彌撒的聖祭禮儀，即是：

- 準備禮品
- 感恩經
- 領聖體禮

在禮儀中呈獻禮品，在早期教會中已有其根源。公元一五五年，殉道者聖猷思定已提到在信友禱詞之後，就有信友將餅和酒呈獻給主祭的習俗了（參閱天主教教理 1345）。

在第三世紀，希波呂圖斯（Hippolytus）也提到這種方式[1]。隨著禮儀繼續發展，信友或代表將遊行到祭台前，呈獻更多的禮品，除了餅和酒外，還有油、蜂蜜、羊毛、水果、臘或花。餅和酒將用在聖祭禮儀中，其他的禮品則用於支持主祭的生活，或為窮人服務。

這部分禮儀也稱為奉獻禮，此禮儀出自拉丁字 offerre，意思是「呈獻、帶來或奉獻」。儘管現在我們也稱它為「準備禮品」，但仍保有其奉獻的主題。的確，奉獻禮品的意義極為深厚，因為禮品主要來自我們的家庭或田地，並且是手工製造的，表達了這是出自我們自己的禮物。是的，拿出我們雙手勞力所種植的水果，有犧牲的言外之意。這便是為何呈獻禮品象徵著將自己奉獻給天主的理由。

---

1 Hippolytus, *Apostolic Tradition* 23.1.

14

呈獻餅酒和其他禮物

在奉獻的遊行中，我們可能看不到許多的餅和酒被送到祭台前交給主祭。我們甚至可能會不自覺地覺得彌撒已經進行到一半，現在到了禮儀活動的中場休息，是可以稍作休息、對儀式內容充耳不聞的時候了。

但我們不要錯過挖掘古代宗教儀式中早已存在的靈修寶藏的機會，它一直在等待著我們。這是彌撒最重要部分——聖祭禮儀——的開始。在主祭手中呈獻給全能天主的，不再只是麵餅、酒和一籃子奉獻金了，因為這些卑微的禮物象徵我們全部的生命——我們的工作、喜樂、痛苦、我們所做的一切和我們自己。在呈獻禮品時，天主給予我們每人機會，將自己的心智和靈魂當成愛的禮物，獻給祂。你要在每台彌撒中，將你的心、你全部的生命與奉獻禮品結合，一起奉獻給天主嗎？讓我們探討這儀式深刻的聖經象徵意義，好能全心參與其中。

餅和酒

在彌撒中奉獻餅和酒，早已深植於聖經之中了。除了在耶穌時代的逾越節和最後晚餐外，在以色列的祭獻中，經常都有奉獻餅和酒的儀式。讓我們細想將餅和酒當成禮品，奉獻給天主的意義吧。

在聖經中，麵包並不像今日大部分西方社會那樣被視為附帶食物。對古代以色列人民而言，麵包是基本食物，被視為維持生命的必要食物（參閱德訓篇29章21節；36章26節；杜埃聖經〔Douay Rheims1〕39章31節）。事實上，「吃麵包」就是描述一般的吃的動作（參閱創世記31章54節；列王紀上13章8-9節，16-19節）。聖經甚至將麵包描述為一種類似支柱的東西（麵包食物），說明了麵包為何是支持人類生活的食糧（參閱肋未紀26章26節；聖詠集105篇16節；厄則克耳4章16節；5章16節）。

然而，以色列人民也被召喚在定期的奉獻和犧牲中，和每年七個星期的慶典中

（參閱肋未紀23章15－20節）拿出一些麵包奉獻給天主（參閱出谷紀29章1－2節；肋未紀2章4－7節；7章13節）。將自己的麵包奉獻出去是一種個人的祭獻，表達了個人將自己奉獻給天主。

同樣，酒也不只是搭配的飲料，而是古代以色列人民餐飲的一部分。酒時常與麵包一起食用（參閱民長紀19章19節；撒慕爾紀上／撒母耳記上16章20節；聖詠集104篇15節），並在慶典上（撒慕爾紀上25章36節；約伯傳1章13節）和招待賓客時（創世紀14章18節）飲用。

此外，就像麵包一樣，在以色列的祭獻中，也奉獻酒。酒也是初熟之果中的一項，當作奉獻給聖殿的什一奉獻（參閱厄斯德拉下10章36－39節），在以色列人民的感恩祭和贖罪祭中，他們倒酒，把它當作奠祭之酒（出谷紀29章38－41節；戶籍紀15章2－15節）。由於祭獻的禮物與個別奉獻者之間密切的關連，因此，奉獻麵包與葡萄酒便象徵著自我的奉獻。

在今天，彌撒中奉獻禮品也有相同的意義。藉著餅與酒，我們將天主創造的禮物和人的勞力所穫奉獻給天主——或者，誠如彌撒經文所稱的「大地和人類勞苦的果實」奉獻給天主。總之，這儀式象徵著在奉獻餅與酒時，我們將自己的全部生活交付於天主。誠如一位詮釋者所指出的：「沒有一塊麵包碎屑不讓我們想到耕地與播種的辛苦、汗流滿面的收穫者、收割玉米的疲累雙臂，以及靠近灼熱烤爐的揉麵者所發出的哼聲。」[1]酒也是如此，它由人們所採收的葡萄釀製而成，需要全年細心的照顧。

比金錢貴重

我們可以用相同的角度來看待奉獻金錢的做法（它最終使奉獻油、水果和其他各種禮品黯然失色）。將錢放入籃子裡不僅是出於善良動機的貢獻，也表達將我們的生活交託於天主。我們的金錢是我們的生活與花時間辛苦工作的具體呈現，現在，在彌撒奉獻禮品的儀式中，我們將它奉獻給天主。

然而，有些基督徒可能懷疑：「為何天主需要我們的禮物？祂派遣自己的聖子為我們的罪而死，祂為何需要我們這粗糙貧乏的餅、酒和金錢的奉獻呢？」的確，

1 Georges Chevrot, *Our Mass* (Collegeville, MN: Liturgical Press, 1958), 98.

天主不需要這些禮品，祂一無所缺。沒有我們的禮物，天主依然是天主。但是，是我們需要奉獻這些禮品。我們需要在自我奉獻的愛中成長，這便是為何祂邀請我們以這種方式，將我們的生命與祂結合的原因之一。

這微小的奉獻行為幫助我們擴大我們的心，並在犧牲的愛中成長。儘管這微小奉獻的本身並不重要，但賦予它們巨大價值的，是我們放入其中的愛，以及我們將自己貧窮的禮物與基督完滿的祭獻結合為一的事實。在呈獻禮品時，我們好似將自己全部生命和我們微小的奉獻（禮品所象徵的）交到耶穌的手裡（主祭代表耶穌）[2]。主祭將我們的禮品放在那使基督的祭獻臨在於我們之中的祭台上，以表示我們將自己與基督一起，奉獻給天父。

2 Jeremy Driscoll著〈What Happens at Mass?〉（Chicago: Liturgy Training Publication, 2005）66。

15

水和酒，洗手，獻禮經

請注意，當主祭在祭台上將酒和水攙合在一起，洗手，誦念不同的經文和祝福時，祂不僅做好各種準備，也如同一位主人，為特殊宴會擺設餐桌。他如同古代猶太聖殿裡的司祭，向我們示意他準備進入至聖所，與臨在的天主相遇，並代表我們向天主獻上祭品。這部分的每段祈禱文和儀式都具有許多聖經的象徵意義，為我們即將在彌撒的高峰部分（即聖祭禮儀）所經驗的一切做好準備。

酒和水的攙合

儘管以水稀釋酒是古代的一般做法，但基督徒在此刻的禮儀中，在酒和水的攙合中看到深刻的神學意義。其意義表達在主祭或執事所念的經文中：

> **酒水的攙合，象徵天主取了我們的人性，**
> **願我們也分享基督的天主性。**

在傳統的解釋中，酒象徵基督的天主性，水象徵我們的人性。酒水的攙合指向天主降生成人的奧蹟，也指出我們分享基督的天主性生命。人類如同水，但我們卻被注入了天主神性生命的酒。的確，擁有墮落人性的我們卻被基督的天主性所改變，而成為「有分於天主性體的人」（伯多祿後書1章4節）。當我們在領聖體禮，領受耶穌來到我們心中時，我們以特殊方式發現這種改變的泉源。

古代猶太的祝福

主祭也使用具有猶太根源的經文在餅酒前祈禱。這可能是模仿在耶穌時代進餐時使用的古代猶太民族對麵包和葡萄酒的祝福儀式。所以，當主祭誦念這些祈禱文時，我們也與耶穌、瑪利亞、若瑟和宗徒們所熟悉的祝福文連結在一起：

上主，萬有的天主，
祢賜給我們食糧，我們讚美祢；
我們將大地和人類勞苦的果實——麥麵餅呈獻給祢，
使成為我們的生命之糧……
上主，萬有的天主，
祢賜給我們飲料，我們讚美祢；
我們將葡萄樹和人類勞苦的果實——葡萄酒呈獻給祢，
使成為我們的精神飲料。

「求祢悅納」

主祭的下一段經文更清楚地表明了被奉獻的餅酒這些「禮品」，與奉獻它們給天主的「奉獻者」之間的連結：

上主，我們懷著謙遜和痛悔的心情，
今天在祢面前，舉行祭祀，求祢悅納。

請注意，這段祈禱文中所設想的祭獻，並不是一些奉獻給天主的**物品**（如餅和酒），而是我們，要奉獻給天主的，是我們這些聚集在彌撒中的人，「求祢悅納**我們……**」

這個主題以及其中所提到的謙遜和痛悔的心情，使我們想起在〈達尼爾〉第3章中，三名被拋入烈火窯中的希伯來青年的祈求。他們受到巴比倫王的迫害，沙得辣客（沙德拉）、默沙客（米煞）、阿貝得乃哥（亞伯尼歌）以「謙遜的精神」和「痛悔的心情」向上主呼求，使他們能如同聖殿中的火祭一樣，蒙受悅納。換言之，他們三人將**他們的生命**與祭獻聯合在一起，奉獻給天主（參閱達尼爾3章15－17節）。上主聽見他們的祈禱，並拯救了他們。在彌撒中，主祭做了同樣的祈求。

我們在前一章已經看到，我們的生命與奉獻給天主的麵包和酒是密不可分的。現在，主祭，如同沙得辣客、默沙客、阿貝得乃哥一般，以謙遜和痛悔的心情，代表我們向天主呼求，祈求我們的祭獻能獲得天主的悅納。

進入至聖所

接下來是主祭洗手，這動作以象徵性的方式表示將有戲劇性的大事要發生。這動作使我們想起舊約時代司祭的宗教性動作。在他們的儀式中，司祭與肋未要先經過儀式性的洗潔禮，才能在聖所中執行他們的職務（出谷紀29章4節；戶籍紀8章7節）。在進入帳幕或走向上主焚香的祭台之前，司祭要在裝滿水的銅盆裡洗滌手和腳（參閱出谷紀30章17–21節）。

〈聖詠集〉第24篇為進入聖殿的人民反映出此儀式的重要性：「誰能攀登上主的聖山？誰能居留在祂的聖殿？是那手潔心清……的人。」（3–4節）請注意，清潔的手與純潔的心是如何互相關連。在這篇聖詠裡，在司祭走向聖所中天主臨在的祭台之前，象徵內心純潔的儀式性的洗手是有必要的。

瞭解了這些聖經背景之後，我們能明白彌撒中主祭的洗手說明了他如同古代的肋未族司祭一樣，將要站在最神聖的地方——一處比耶路撒冷聖殿更令人驚異的地方。在舊約時代的聖所裡，有時天主的臨在是以可見的雲彩形式呈現（參閱出谷紀40章34節；列王紀上8章10–11節），但在彌撒中，天主將要以更親密的方式來到信友中間。

在主祭面前的祭台上，餅與酒這兩件禮品即將變為基督的體和血，當我們領聖體時，主將住在我們內，唯一真實的大司祭——耶穌——將藉著主祭的手完成這一切。為了準備最神聖的這一刻，當主祭來到這新的至聖所之時，他如同古代的司祭一樣，洗滌自己的雙手。為了這神聖的使命，主祭以達味痛悔的祈禱來準備自己的靈魂，默念：「上主，求祢洗淨我的罪污，滌除我的愆尤。」

我們坐著，靜靜觀看主祭以言語和禮儀行動為這神聖的角色做準備。

「我和你們共同奉獻的聖祭」

最後，在準備的最後一個行動中，主祭轉向會眾，懇請他們為他祈禱，因為他即將開始感恩祭：

請你們祈禱，
望全能的天主聖父，

收納我和你們共同奉獻的聖祭。

為什麼主祭在這裡提到兩種主體的奉獻？當他說「我和你們共同奉獻的聖祭」時，他指的是什麼？

聖祭中「我」的部分，指的是被按立的主祭在感恩祭中代表基督（in persona Christi）所做的事。透過主祭，基督在十字架上的祭獻將在禮儀中以聖事性的方式呈現給我們。聖祭中「你們」的部分，指的是我們參與基督的祭獻。我們將自己的整個生命與基督在彌撒中所呈現這份完美之愛的祭獻結合。會眾以禱文回應，承認基督的祭獻與他們自己的祭獻將透過主祭的手結合，然後奉獻給天父[1]：

望上主從你的手中，

收納這個聖祭，

1 信友在彌撒祭獻中「不僅……藉著主祭的手，在某種程度上，也與他聯合在一起」（教宗碧岳十二世，〈天主的中保〉92）。

為讚美並光榮祂的聖名，
也為我們和祂整個聖教會的益處。

這是平信徒在基督的司祭職中最完整的參與。

PART

5

聖祭禮儀：感恩經

THE LITURGY OF THE EUCHARIST: THE EUCHARISTIC PRAYER

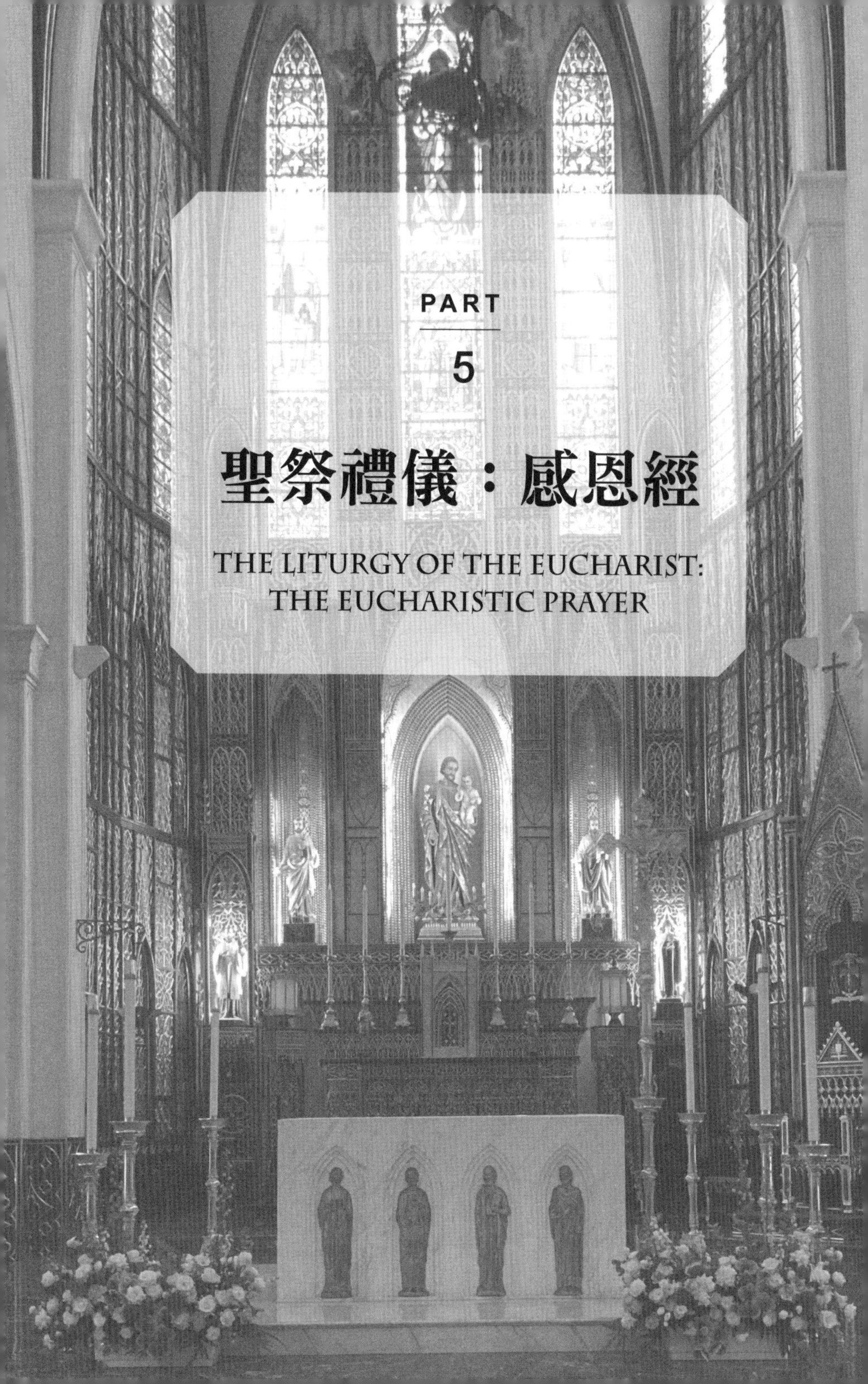

學者們已經指出，感恩經植根於猶太民族的用餐禱文。用餐之前，一家之主的父親（或團體的領導者）便拿起麵包，說出讚美天主的祝福詞（*barakah*），說道：「讚美祢，上主，我們的天主，宇宙的君王，祢從大地生產食糧。」於是，掰開麵包，分給同食共飲的人，大家開始享用餐桌上的每一道菜。

在逾越節晚餐時，要誦讀〈哈加達〉（*Haggadah*，記載逾越節規定的猶太文本），它重述以色列民族首次逃離埃及的故事，並為目前世代解說以色列歷史中的基本事件。這使過去天主拯救的行為臨現於眼前，也讓人們能將這故事運用於自己的生活中。在晚餐即將結束前，主人祝福杯中的酒。這祝福有三部分：

1. 為天主的創造讚美祂。
2. 為祂的救援工程感謝祂（例如：頒佈十誡，賜予土地和法律）。

3. 為未來懇求，願天主的拯救工程能在他們生命中持續，並達到其高峰，就是派遣默西亞來到他們中間，復興達味的王國。

早期的感恩經似乎依循這個普遍模式。它們包括祝福麵包和葡萄酒，重述耶穌死亡與復活的基本救恩事蹟，隨後便是對天主的創造的讚美，對祂的拯救行為的感謝和懇求。誠如我們即將看見的，在今日的彌撒的感恩經中，也能發現這些古代猶太民族的元素。

現在，我們要探討感恩經的各個部分：(1) 頌謝詞；(2) 聖、聖、聖；(3) 呼求聖神禱詞；(4) 成聖體經；(5)「信德的奧蹟」；(6) 紀念、奉獻、代禱和聖三頌。

16

頌謝詞

感恩經以三段對話開始，至少早在第三世紀，教會在禮儀中就有這種對話：

主祭：願主與你們同在。
信友：也與你的心靈同在。
主祭：請舉心向上。
信友：我們全心歸向上主。
主祭：請大家感謝主，我們的天主。

信友：這是理所當然的。

這對話首先記錄在聖希波呂圖斯（St. Hippolytus, c.215AD）[1]的感恩經中。一千八百年之後的今天，我們繼續使用相同的禱詞，它將我們與初期教會的基督徒連結在一起。

「願主與你們同在」

感恩經一開始的對話（「願主與你們同在……也與你的心靈同在」），我們之前已經聽到過了。那是在彌撒開始的進堂式中，以及在恭讀福音之前。我們在第三章裡看見，聖經中使用這些問候語，是天主要召喚某人去擔任一項重要但令人卻步的使命，當他們動身去執行他們的任務時，需要上主與他們同在。

此刻，在我們開始彌撒最神聖的部分——感恩經——之時，重複這問候是很適

1 Hippolytus, *Apostolic Tradition* 4.3.

宜的。當主祭與信友準備進入彌撒神聖祭獻的奧蹟中時，需要上主與他們同在。

請舉心向上

主祭接著說：「請舉心向上。」（拉丁文為*sursum corda*）這句禱詞使我們想起在〈哀歌〉中的勸導：「應向天上的大主，雙手奉上我們的心。」（哀歌3章41節）但「舉心向上」是什麼意思呢？

在聖經中，心是人隱密的中心，是思想、情感與行動的根源。所有的意圖與承諾均出自人心。因此，當彌撒的主祭說「請舉心向上」時，他是在召喚我們要全神專注於將要展現在我們面前的一切。這是喚醒我們，將所有其他的關心事物都擱置一旁，而將我們的理智、意志和情感——我們的心——專注於莊嚴的感恩經中所發生的一切。

這召喚使人聯想到聖保祿對哥羅森教會信友所說的話：「你們既然與基督一同復活了，就該追求天上的事，在那裡，有基督坐在天主的右邊。你們該思念天上的事，而不該思念地上的事。」（哥羅森書3章1-2節）正如保祿要求哥羅森教會的信友「該追求天上的事，在那裡，有基督」，同樣，我們也被要求將我們全部的存在朝向天上的事，因為基督就在那裡。那便是我們要進入的感恩經。

全神貫注

第三世紀的教父聖西彼連（St. Cyprain）曾解釋這禱文如何將我們的注意力從世俗的干擾中轉移，引導我們深思在感恩經中所發生的令人敬畏的行動：

> 親愛的弟兄們，當我們站立祈禱時，我們應全心警醒與虔敬熱誠，專注於我們的祈禱。讓所有肉體的和世俗的思想消失，在那時刻，除了這唯一的禱文外，不要讓靈魂想任何其他的事。也為此原因，主祭在誦念禱文之前，以頌謝詞準備弟兄們的心，說：「請舉心向上。」因而開啟信友的回答：「我們全心歸向上主。」他也因此得到提醒，除了我們的上主外，什麼也不要想。[2]

耶路撒冷的聖濟利祿提出相同的觀點，並且警告信友，此刻禮儀的崇高性：

請舉心向上。因為在此神聖的一刻，應該向天主舉起我們的心，而不讓我們的心沉溺在世界上，關心俗務。此刻，舉行祭獻的司祭勸勉我們盡可能放下一切對生命的關注和對日常生活的焦慮，而應全心歸向愛人的天主……願在你們中間，凡是以口舌宣稱「我們全心歸向上主」的人，不要讓他的思想停留在對自己生命的關注上。[3]

濟利祿也承認，雖然我們應該時刻專注於上主，但由於我們的墮落和軟弱，這一點實際上很難做到。然而，假如有全神專注於天主的時刻，那就是在感恩經的時刻了：「的確，我們應該時時想到天主，但由於我們人性的軟弱，這是不可能做到的；然而在這神聖的時刻裡，我們的心應該與天主在一起。」[4]

大感謝

在最後部分的問候裡，主祭說：「請大家感謝主，我們的天主……」誠如我們已經在光榮頌（「我們感謝祢……」）以及在讀經之後所回答的（「感謝天主」）所講述的，「感謝」是聖經中對天主的美善和祂在人們生活中的救恩工作的共同答覆。主祭引導我們向上主感謝，回應了〈聖詠集〉中對我們相同的勸勉：「請眾感謝上主……因他的仁慈永遠常存……」（136篇1－3節；107篇9節，15節，21節，31節）。在猶太傳統中，感謝是造物主尚未擁有、而我們能真正奉獻給祂的。第一世紀猶太解經學家斐羅（Plilo）如此解釋這一點：

> 我們確信天主行動的最大特徵便是祂給予的祝福，而最適合受造物的便是向祂表達感謝，因為那是受造物能向祂回報的最佳奉獻。因為，當受造物設法要回報天主時，它發現，一切禮物都已經屬於宇宙的創造者，而不屬於受造物所能奉獻的了。因為我們現在明白，對天主最適宜的朝拜，也是我們唯一義不容辭的責任，便是感謝天主，我們必須隨時隨地付諸實行。[5]

2 Cyprian, *On the Lord's Prayer* 31, as quoted in Crean, *The Mass and the Saints*, 93–94.
3 Cyril, *Mystagogic Catecheses* 5.4, as quoted in Parsch, *Liturgy of the Mass*, 216. 67 Cyril, 5.4.
4 同上。
5 Philo, as quoted in Aime Georges Martimort, *The Signs of the New Covenant* (Collegeville, MN: Liturgical Press, 1963), 169.

聖保祿同樣教導我們，基督徒的生活應該流露感謝的祈禱。我們應該「滿懷感恩之情」（哥羅森書2章7節），在我們一切所作所為上，都要感謝天主（參閱哥羅森書3章17節），「事事感謝」（得撒洛尼前書5章18節；斐理伯書4章6節），尤其是在朝拜天主時（格林多前書14章16-19節；厄弗所書5章19-20節；哥羅森書3章16節）。

主祭依循聖經傳統的感恩奉獻經文，邀請我們：「請大家感謝主，我們的天主。」在彌撒的此刻，有太多值得我們感謝天主的。誠如古代的以色列子民，他們感謝上主從敵人手中拯救他們，因此，我們現在也應該感謝天主派遣祂的聖子從罪惡和邪惡者手中拯救了我們。基督死亡與復活的救援行為即將在禮儀中臨現於我們面前，為此，我們謙遜地表達我們的感謝。

我們也要為即將在我們中間出現的奇蹟表示感謝，因為在祭台上的麵餅和葡萄酒即將變成基督的體和血。我們的主和國王將要真實臨在於聖體聖事中，並與我們同在。當我們的教堂成為新的至聖所、成為天主臨在的處所時，我們的心應該充滿感恩之情。我們能如此靠近祂，是何等令人驚異的榮幸呀！我們如同古代那些走近天主居住的聖殿的以色列子民，詠唱讚美與感恩的聖詠。

事實上，我們應該在主祭的邀請「請大家感謝主，我們的天主」中，聽見聖詠作者對那些走到耶路撒冷的朝聖者所發出的回應之語：「一齊到他面前，感恩讚頌。」（聖詠集95篇2節）以及「高唱感恩歌，邁向他的大門。」（聖詠集100篇4節）

在禮儀的此刻，有太多值得我們感恩的事了。因此，我們承認，對即將呈現在我們面前的奧蹟，感恩是唯一恰當的回應。在回答主祭邀請我們感謝主、感謝天主時，我們說：「這是理所當然的。」

頌謝詞

在邀請我們感謝上主之後，現在，主祭以感恩的祈禱向天主說話。其開端便是對天父致意，並表達了我們在聖經中所看見的，即是：天主子民有感謝上主的責任。例如：頌謝詞的開端禱文之一是：「主，聖父，全能永生的天主，我們時時處處感謝祢，實在是理所當然的……」主祭並非為他自己念這禱文，他是以信友之名奉獻這些祈禱，因為他們與他一起表達了感謝和讚美天主的意願，並且說：「這是理所當然的。」

對於這一點，聖金口若望指出，在這段禱文中，主祭（聖金口若望所想像的是主教）代表了信友，他說：「感恩祈禱是為眾人的。主教並非單單為他自己感謝天主，而是為與他聯合在一起的會眾感謝天主。因為，儘管主教為信友說情，但唯有在信友回答說『這是理所當然的』之後，他才應該開始感恩聖祭。」[6]

頌謝詞是依循舊約中〈聖詠集〉裡的感恩模式。一般而論，是為天主創造的恩賜（參閱聖詠集136篇4-9節）、為祂照顧祂子民的生活（聖詠集67篇6-7節）、為祂奇妙的作為（聖詠集75篇1節）以及為祂拯救的行為（聖詠集35篇17-18節）而獻上感謝。在這類聖詠裡，當上主以特殊方式救助某人時，無論是醫治（參閱聖詠集30篇，116篇）、從敵人手中援救某人（聖詠集18篇，92篇，118篇，138篇）或使某人脫離困難（聖詠集66篇14節），天主的子民都以感恩來回應。聖詠作者述說他遭遇的試探和天主如何救助了他，這一切都是讚美與感謝的基礎。

這種模式可以在〈聖詠集〉第136篇中看見，作者以感謝天主奇妙的創造工程作為開端：創造大地、水、星辰、太陽、月亮。接著敘述天主在以色列歷史中的拯救行為，即是：帶領以色列子民逃離埃及；分開紅海，使法郎的軍隊被海水淹沒；引領以色列子民走過曠野，擊敗他們的敵人。

聖詠作者接著述說，很久以前，這位拯救他們祖先的同一位天主，今天也救拔祂的人民。由埃及拯救他們祖先的同一位天主，「懷念了我們遭難的人」並「救拔我們脫離了仇人」（聖詠集136篇23–24節）。因此，與聖詠作者一起聚集的團體有充分理由感謝天主，天主對祂子民堅定不移的愛，貫穿歷史，處處可見。從出離埃及到目前，天主對祂的子民都是信實的。因此，聖詠作者的結論是：「請眾感謝天主，因為他的仁慈永遠長存。」（聖詠集136篇26節）。

感恩經不是任意發明的祈禱文，或很久以前某人隨口而出，並寫成文字的祈禱形式。感恩經是依照古代天主給予我們在〈聖詠集〉中，用於祈禱的聖經模式。對我們而言，如同古時的聖詠作者一樣，也有許多要感謝天主的事。誠如第136篇聖詠，感恩經述說天主在救恩歷史中奇妙的作為。由於感恩經有諸多選擇，所以，這些敘述也以不同的形式呈現。

有些感恩經為天主的創造工程而感謝祂，其他則按照慶節或禮儀週期而特別強

6 金口若望對〈格林多前書〉18章3節的詮釋。

調基督救恩工程，例如：在聖誕期，主祭強調降生成人的天主；在聖週，主祭指出耶穌戰勝撒旦的時辰即將來到；在復活期，主祭為基督為我們贏得的永恆生命感謝天主。然而，所有這些感恩經都是為了天主救恩的核心計畫——基督賜予人生命的死亡與復活——而感謝祂。

17 歡呼歌：「聖、聖、聖」

聖、聖、聖，上主，萬有的天主，
祢的光榮充滿天地，歡呼之聲響徹雲霄。
奉上主之名而來的，當受讚美。
歡呼之聲，響徹雲霄。

被稱為「歡呼歌」的這段禱文，幫助我們以天使的眼光來看在聖祭禮儀中真正發生的事。其開端語「聖、聖、聖，上主……」將我們的心神帶上天堂。這段禱文出自〈依撒意亞〉（以賽亞書）6章3節，它描述先知在神視中看見天上的君王坐在寶座上，展現其無比的崇高，有天使朝拜祂。

先知依撒意亞（以賽亞）寫下他所看見的：「我看見吾主坐在崇高的寶座上，他的衣邊搖曳滿殿。」（依撒意亞6章1節）在上主的身旁有天使「色辣芬」（撒拉弗，希伯來語的意義是「熾熱」）侍立著，他們各有六個翅膀。這獨特的頭銜表示這些天使極為靠近天主，他們反映出天主的光芒，站立在令人敬畏的天主面前。他們以翅膀遮蓋自己的臉，不敢觀看天主的光榮（參閱依撒意亞6章2節）。他們互相高呼，讚美說：「聖、聖、聖！萬軍的上主！他的光榮充滿大地！」（依撒意亞6章3節）

此處重複使用三次「聖」這個字，這是希伯來文中的最高級。因此，色辣芬高聲宣布上主是至聖的主，是超越眾神的神。藉著詠唱「祂的光榮充滿大地」，他們讚美那透過受造物而展現的天主的無比光輝（參閱聖詠集8篇1節；19篇1－6節；24篇1－2節）。

天使的讚美歌曲具有意想不到的震撼力。當他們詠唱時，聖殿的基礎為之震動，聖殿內煙霧瀰漫。依撒意亞感到畏懼，意識到自己不配站立在神聖天主的面前，因此他說：「我有禍了！我完了！因為我是個唇舌不潔的人……竟親眼見了君王——萬軍的上主！」（依撒意亞6章5節）

與天使一起歌唱

在新約裡，聖若望也有類似的經驗。有一個主日，他在神魂超拔中（參閱默示錄1章10節）看見了天堂的禮儀：若望看見榮光中的人子耶穌，如同依撒意亞一樣，他害怕地回答說：「我一看見他，就跌倒在他腳前，有如死人。」又如同依撒意亞一樣，他看見六位有翅膀的天使般的受造物，站立在天主的寶座前，詠唱讚美歌曲：「聖！聖！聖！上主，全能的天主，是昔在、今在及將來永在者。」（默示錄4章8節）回憶往昔依撒意亞對色辣芬讚美天主的光榮的相同描述，若望寫道「二十四位長老」如何俯伏在天主的寶座前，讚美祂的創造，詠唱著：

上主，我們的天主！
你是堪受光榮、尊威和權能的，
因為你創造了萬物，
萬物都是因了你的旨意而存在，而造成的。

——默示錄4章11節

將這背景牢記於心，我們就能更清楚地瞭解我們在彌撒中誦念「聖、聖、聖，上主，萬有的天主……」是什麼意思了。我們將自己的聲音融入天堂上天使與聖人的讚美歌聲之中。在舉行彌撒的聖祭禮儀的此刻，我們這樣做是很適宜的，我們變得如同依撒意亞和聖若望一樣，被提升在天堂的禮儀中了（參閱天主教教理1139）。我們很奇妙地進入了天上的聖殿，就是依撒意亞在神魂超拔中所看見，當天使歌唱時基礎震撼、煙霧瀰漫的同一座聖殿。

在看見這令人敬畏的景象時，先知和宗徒都感到自己的不配。甚至天使色辣芬在天主的光榮前飛翔時，也覺得有必要遮蓋自己的臉。如同他們一樣，我們準備與萬王之王、至聖的天主相遇，祂將親臨在祭台上。怪不得，當我們唱完歡呼歌後，我們恭敬地跪下。

在歡呼歌的第二部分裡，我們重複當年群眾用來歡迎耶穌進入耶路撒冷城遊行時所用的詞句「賀三納」和「奉主名而來的當受讚美」。這兩句話出自〈聖詠集〉第118篇，是以色列子民在重要節日時，前往聖殿朝聖途中所詠唱的歌詞。「賀三納」（*Hosanna*）是希伯來文的音譯，意思是「拯救我們」，在禮儀敬拜中，它表達對天主的讚美。對「奉主名而來的，當受讚美」的祝福，通常是走向聖殿時向上主的懇求。在聖枝主日，群眾使用這些話歡迎因上主之名而來的耶穌，換言之，即是歡迎代表天主和以自己身分而來的這一位。

當禮儀進行到此刻，我們重複這些詞句是很適當的。正如當年耶路撒冷的群眾以聖詠第118篇的話歡迎耶穌進入聖城，同樣，我們也歡迎耶穌進入我們的教堂，因為祂將在祭台上，臨在於聖體之中。

18

呼求聖神禱詞

聖神臨在並活躍於整台彌撒中。但此刻，主祭以特殊的方式呼求聖神。

在「呼求聖神禱詞」中，主祭祈求聖父派遣聖神降在餅酒上，好能將它們轉變為主基督的體和血。主祭呼求兩千年前使天主聖子降孕在童貞瑪利亞胎中的同一聖神，今天也在彌撒中行另一個奇蹟，即是：耶穌真實地親臨在感恩聖祭中，將餅與酒轉變為基督的體和血、靈魂與天主性。

祈求我們的主和君王臨在我們中間，將我們與古代猶太人民的希望與祈禱連結在一起。我們在前文講述過，在古代猶太人的飯前祈禱中，祝福酒包含懇求天主派遣默西亞來到以色列的意義。很自然地，早期基督徒將這同樣的祈求放入感恩經中，誠如古代猶太人民懇求天主派遣默西亞來到他們中間，同樣，在呼求聖神禱詞時，主祭懇求君王默西亞能再次親臨於我們之中，這次則是以餅酒的樣貌出現。讓我們探討感恩經第三式中的呼求聖神禱詞吧：

上主，所以我們懇求祢，
藉著聖神，聖化我們獻給祢的這些禮品，
使成為祢的聖子，我們的主耶穌基督的聖體聖血。

宛如朝露

在感恩經第二式的呼求聖神禱詞裡，將聖神的行動比做早晨的露珠：

因此，我們懇求祢，
派遣聖神，猶如朝露，聖化這些禮品，
使成為我們的主耶穌基督的聖體聖血。

朝露似乎是極為神秘、微妙、意料之外的東西——這是對天主救恩工程很恰當的描繪。在聖經裡，朝露與天主賜給在曠野中漂泊的以色列子民神奇的瑪納有關。每天早晨，「當露水昇化之後」，人們發現上主為他們預備的食物（出谷紀16章12-15節）。先知歐瑟亞（何西阿）也以此圖像形容以色列子民，即使他們如何像乾燥不毛的沙漠，天主仍然如同朝露一般，帶著愛，來到他們中間：「我要治療他們的不忠，我要從心裡疼愛他們，因為我的怒氣已遠離了他們，我對以色列將如甘露；她將開花如百合。」（歐瑟亞／何西阿書14章5-6節）

依撒意亞採用同樣的朝露圖像，預言了遭受壓迫和痛苦的猶太民族，儘管覺得自己如同死人，躺在灰土中，但天主將要拯救他們：「你的亡者將再生，他們的屍體將要起立；睡在塵埃中的人們都要甦醒歌詠，因為你的朝露是晶瑩的朝露，大地將拋出幽靈。」（依撒意亞26章19節）

在此刻的彌撒禮儀中以朝露的圖像來比擬，是很適當的。因為主祭懇求聖神再次帶給我們天主的寬恕和治癒之愛，為我們乾枯的靈魂帶來生命。主祭呼求聖神降到餅與酒之上，將它們轉變為新瑪納的聖體聖事，那至聖的餅能滿足我們，並深入我們空虛的靈魂之中。

在主祭念完建立聖體聖血的經文之後，有第二段呼求聖神禱詞，它與古代猶太祈禱文的其他祈求有關，即是重建達味王室的禱文。正如許多猶太人民期望默西亞能聯合天主的子民復興達味王國，同樣，我們滿懷信心地希望，這位在聖體聖事中來到我們中間的默西亞，也將要在祂的教會裡，將我們更深地結合在一起。因此，主祭呼求聖神，使所有領受聖體聖事的人都能更團結共融：

求祢使我們藉祢聖子的聖體聖血得到滋養，並充滿祂的聖神，在基督內成為一心一體。

同樣，在其他感恩經裡，在領受了聖體聖血之後的祈求則是：「使我們分享基督的聖體聖血，並因聖神合而為一。」（感恩經第二式）或「恩准所有分享同一個餅和同一杯酒的人，由聖神合為一體。」（感恩經第四式）

現在，主祭已經懇求聖神降到餅酒禮品上了，我們準備進入禮儀最神聖的部分，即是：建立聖體聖事的經文與祝聖。

19

建立聖體聖事的經文與祝聖

你們大家拿去吃：這就是我的身體，
將為你們而犧牲。

你們大家拿去喝：
這一杯就是我的血，
新而永久的盟約之血，
將為你們眾人傾流，以赦免罪惡。

你們要這樣做，來紀念我。

對有些天主教徒而言，這些經文可能太熟悉了。我們之中有些人，從小開始就已經無數次在彌撒中重複聽過這段經文。我們可能將它視為理所當然，或認為那不過是每台彌撒都念的例行經文罷了。

但假如我們之前從未聽過這段經文呢？假如我們是參加最後晚餐的伯多祿、雅各伯或其他宗徒呢？這些經文對我們有何意義呢？

為瞭解這些神聖的經文，在逾越節背景下來聽這段經文是很重要的。福音對建立聖體聖事的敘述告訴我們，最後晚餐是在逾越節晚餐的脈絡下舉行的，是一年一度的紀念與慶祝，以追憶天主在以色列歷史中拯救以色列子民脫離埃及的歷史性之夜的事蹟（參閱瑪竇福音26章19節；馬爾谷福音14章16節；路加福音22章13節）。在第一個逾越節，天主命令以色列人民宰殺一頭無殘疾的羔羊，吃羊肉，將羊血塗在門框上。在第十個災難來到、天主擊殺埃及的頭胎男兒時，凡參與這儀式的家庭就得以倖免。年復一年，之後的以色列人民都會重複第一個逾越節的故事，讓它重演一次，再次吃宰殺的羔羊。

最值得注意的是，以色列人民將一年一度所慶祝的逾越節，視為禮儀性的「紀念」（希臘文是*anamnesis*，參閱出谷紀12章14節）。對古代猶太人而言，其含意遠超過紀念過去的事件。對逾越節的紀念，與現代美國人紀念他們建國日的七月四日的假日大為不同。在聖經中的紀念，人們不僅回憶過去發生的事件，更是**在禮儀中再經歷一次**，使過去的事件神奇地臨在於慶祝者的面前。

這便是為何耶穌時代的猶太人相信，當他們慶祝逾越節時，第一個逾越節以「紀念」的方式臨在於他們之中。事實上，在晚期的猶太經師寫到關於逾越節的事情時，他們說，當一名猶太人慶祝這節日時，他自己似乎也與當時那一代的偉大祖先們一起走出埃及[1]。《天主教教理》提出相同的觀點：

> 按照聖經的意義，紀念不但意指回憶往事，也是宣告天主為人類所完成的奇蹟異事。在舉行這些事件的禮儀時，這些事件透過某種方式而得以臨在和實現。以色列子民就是以這種方式，瞭解他們出離埃及的事件：每當他們慶祝逾越節時，出谷的事件便臨現在信徒的記憶中，如此促使他們的生活符合這事件。（1363）

藉此，第一個逾越節事件就在時間中延續著，因而每個新世代都能在精神上參與他們從奴役中被解救的基本事件。因此，每年慶祝逾越節促成了世代之間的團結。所有的以色列人民都參與逾越節的慶祝，所有的人都從埃及的奴役中獲得拯救，所有的人都結合為一個天主盟約的家庭。

彌撒猶如祭獻？

假如你是參加最後晚餐的宗徒之一，對於耶穌使用祭獻一詞來指祂自己，可能讓你感到震驚。

首先，逾越節本身就是一種祭獻（參閱出谷紀12章27節）。耶穌在逾越節的脈絡下談到體和血，使人想起逾越節宰殺的羔羊，在祭獻儀式中，血與體分開。第二，當耶穌說祂的身體是「為你們而捨棄的」（路加福音22章19節），在此所用的「捨棄」（希臘文為 *didomai*）一詞是至關重要的，因為在新約中採用此字，都與祭獻有關（參閱路加福音2章24節；馬爾谷福音10章45節；若望福音6章51節；迦拉

1 Mishnah Pesachim 10.5, sefaria.org.

達書1章4節）。第三，當耶穌說祂的血「將為你們和眾人傾流……以赦免罪惡」時，祂暗示在聖殿中舉行的贖罪祭，包含為了達到赦免罪惡的目的而在祭台上舉行的流血祭獻（參閱肋未紀4章7節，18節，25節，30節，34節）。

第四，或許是最重要的一點是，耶穌說「新而永久的盟約之血」，這句話回應了梅瑟在西乃山與天主訂立盟約的祭獻，此盟約使以色列子民成為天主的特選民族（出谷紀24章1–17節）。在這祭獻儀式中，梅瑟拿了動物的血並向百姓宣告說：「看，這是盟約的血。」（出谷紀24章8節）在最後晚餐時，耶穌將祂的血當作「新而永久的盟約之血」。對參與最後晚餐的宗徒而言，耶穌說的這些話，不得不使他們想起梅瑟在西乃山所說的關於祭獻的血，並指向某種新盟約的新祭獻。

所有這些祭獻的元素——逾越節儀式、捨棄身體、傾流血液與聖約之血——耶穌顯然在此刻想到了某種形式的祭獻。然而，祂並沒有提到逾越節被祭獻的羔羊（這是人們在逾越節晚餐背景下可能會期待的），而是談到**祂自己**即將要在祭獻中被交出和傾流的體和血，現在，**祂的血**是盟約祭獻的血。令人驚訝的是，耶穌將**祂自己**等同為在逾越節祭獻的羔羊，如此，耶穌在最後晚餐時的行動，神奇地預示了祂在十字架上的犧牲。在慶祝逾越節的最後晚餐上，耶穌為了赦免罪惡而甘願捨棄自己的體和血。祂所要做的，便是在聖週五以流血的方式做出自我的祭獻[2]。

對最後晚餐與十字架二者之間關連的瞭解，更能清楚闡明了我們今天慶祝的聖體聖事是如何紀念了基督在加爾瓦略山上的祭獻。耶穌以「你們應行此禮，為紀念我」（路加福音22章19節）為祂建立的聖體聖事做了結論，耶穌命令宗徒「應行此禮」指的是什麼呢？這是指以祂的體血作為祭獻，來慶祝新的逾越節。那麼，他們要如何舉行呢？彌撒中採用的「紀念」一字翻譯自聖經的「紀念」（*anamnesis*）一字，誠如我們所說過的，此字的意義遠超過對往事的回憶。禮儀上的紀念是將過去與現在一起呈現，以神秘的方式使久遠以前的事蹟呈現在目前的世代中。

因此，當耶穌命令宗徒「你們應行此禮，為紀念我」，祂並非告訴他們舉行這簡單的用餐儀式，好能幫助信眾記得祂。祂是在命令他們以禮儀性的紀念方式慶祝最後晚餐。在最後晚餐中所做的一切——其中最特殊的，是祭獻基督的體和血——將臨現於慶祝聖體聖事的敬拜者的眼前。

2 「耶穌不僅說明祂要給他們吃和喝的，是祂的體和血，祂也表示，這體和血的祭獻意義，並且以聖事性的方式，即將臨在於祂為眾人的得救在十字架上所做的祭獻。」（教宗聖若望保祿二世，〈Ecclesia de Eucharistia〉12）

故此，一如最後晚餐所紀念的，聖體聖事以聖事性的方式使昔日晚餐廳與加爾瓦略山的事件臨在於今天的我們的眼前。就如古代猶太民族藉著每年紀念逾越節而參與了出谷事件，同樣，今天的基督徒每次在慶祝聖體聖事的新逾越節時，我們便是參與了耶穌在十字架上戰勝死亡的新出谷事件。

我們就是在這種意義下瞭解彌撒是一種祭獻。誠如《天主教教理》所說明的：「紀念在新約中得到了一個新的含意。每當教會舉行感恩祭時，就是在紀念基督的逾越奧蹟，這奧蹟亦藉此而臨現：基督在十字架上一次而永遠完成的祭獻萬古常新。」（1364）這祭獻是為了救恩的目的，使其救贖功效能應用在我們身上，赦免我們每日所犯的罪過，如此，使我們能在基督完全自我奉獻的愛中，與祂更深地結合（參閱 1366）。

的確，在每台彌撒中，我們有獨特的機會，以聖事性的方式進入與聖子的親密之中，祂將自己作為愛的禮物獻給天父——一件以最明確的方式顯示的禮物，即是祂在十字架上的死亡。在彌撒中，我們可以將自己一切的喜樂和痛苦，與耶穌的祭獻一起獻給天父，如此，我們將自己的生命當成禮物，獻給天父。誠如《天主教教理》所說明的：

在感恩祭中，基督的祭獻也成為祂肢體的祭獻。信友的生活，他們的讚美、痛苦、祈禱、工作，都與基督的讚美、痛苦、祈禱、工作，及祂整個的祭獻結合，因而獲得新的價值。基督的祭獻臨現在祭台上，使世世代代的基督徒，都可以與祂的祭獻相結合。（1368）

為眾人或為所有的人？

最後，有人可能疑惑，為何耶穌說祂的血是「為你們和眾人傾流，以赦免罪惡」。乍看之下，似乎耶穌在十字架上並非為每一個人而死——祂在加爾瓦略祭獻自己的血並非「為所有的人」，而僅僅為特選的一群人（「為眾人」）。耶穌是否為祂普世性的救恩使命設定了範圍呢？

基本上，耶穌在最後晚餐時所說的這些話，指出了一項事實：在耶穌為所有的人而死的同時，並非每一個人都選擇接受這件禮物。每個人必須選擇接受這件救恩的禮物，並按照其恩寵而生活，如此，他／她才能成為這段話中所描述的「眾人」中的一人。

此外，許多聖經學者已經注意到耶穌在最後晚餐論及祂將要為「眾人」而傾流祂的血，這使我們想起〈依撒意亞〉第53章那有名的預言中，曾三次提到「為多人[3]」。在這預言中，依撒意亞先知預言，有一天，天主將派遣祂的僕人犧牲自己的性命，作贖過的祭獻，他要使「多人」成義（依撒意亞53章10-12節）。

在最後晚餐中，耶穌提到祂將要為「眾人」傾流自己的血，這顯然是將祂自己與〈依撒意亞先知書〉中那位受苦的僕人聯繫起來。祂就是來為「多人」而死的那一位。然而，這並不與耶穌為「所有的人」而死的事實相矛盾（弟茂德前書2章6節）。〈依撒意亞先知書〉中其他有關上主僕人的預言，清楚說明了他具有普世性的使命，即是向**全人類**宣布救恩（參閱依撒意亞42章1-10節；49章6節；52章10節）。在某種意義上，「眾人、多人」這個表述可以看作一種對比，即是：祭獻的「個人」（主的僕人耶穌）以及從祂的贖罪祭獻中受益的「眾人、多人」。

3 在這幾節中，舊約的希臘文《七十賢士譯本》三次使用「*polloi*」（眾多）。

20 「信德的奧蹟」

我們已經來到彌撒的高峰時刻。主祭念了祝聖餅酒的經文，現在，它們已經成為基督的聖體聖血。主祭以恭敬的態度，靜默地向聖爵中基督的聖血請安，然後隆重地說：「信德的奧蹟。」

這句話並非暗示信友要回答他們的部分，而是表達了主祭個人對目前發生的奧蹟深刻的讚嘆與驚異。天主子——耶穌基督為了我們的罪，在加爾瓦略山上交出了祂的體和血，現在卻以餅酒的外型臨在於祭台上。主祭採用聖保祿的話（參閱弟茂德前書3章9節），宣告這確實是「信德的奧蹟」！

信友們與主祭一起表達對這奧蹟的讚嘆，並且宣告了在耶穌的死亡與復活中所總結的救恩歷程。根據聖保祿對格林多教會的教導「直到主再來，你們每次吃這餅，喝這杯，你們就是宣告主的死亡」（格林多前書11章26節），教會提供了兩種宣告形式，供信友選擇：

基督，
我們傳報祢的聖死，
我們歌頌祢的復活，
我們期待祢光榮的來臨。

基督，
我們每次吃這餅，飲這杯，
就是傳報祢的聖死，
期待祢光榮的來臨。

第三個選項宣告了基督死亡與復活的救恩大能，出自與耶穌相遇後而相信祂的撒瑪黎雅（撒馬利亞）地方的人之口，他們說：「現在我們相信……他確實是世界

的救主。」（若望福音4章42節）

救世的恩主，
祢藉著苦難及復活，
恢復了我們的自由，
求祢拯救我們。

21

紀念、奉獻、代禱與聖三頌

這難以言喻的神聖奧蹟，逐一呈現在我們面前。就如同我們需要靜默，延長時間，才能好好地瞭解其真正意義，並深入其中。建立聖體聖事之後的兩段祈禱文，就是為了這個目的：由不同層面來瞭解禮儀中所發生的一切，並讓我們在心中反覆思想。

第一段祈禱文稱為紀念的禱詞。我們已經陳述了全部感恩經是一種「紀念」（希臘文為*anamnesis*），即是，使基督在十字架上的救贖行為臨在於目前，如此，我們能更完全地參與在其能力之中。然而，以較嚴格和技術性的意義上來看，「紀念」也意指為在彌撒中所發生的相關事物祈禱，耶穌說：「你們這樣做，來紀念我。」現在，主祭告訴天父，教會已經忠實地實踐了基督的命令：

上主，
因此我們紀念基督的聖死與復活……[1]

當然，天主不需要我們告訴祂我們在彌撒中在做什麼，祂早已知道了。然而，我們還是需要告訴祂，就如同幼小的孩子渴望將他們所完成的事告訴父母一樣（「爸爸，你看見我擊出外野球了嗎？」）我們需要告訴天父，我們喜悅地參與這神聖的奧蹟喔！

奉獻

以「紀念」為基礎的第二段祈禱文，被稱為奉獻（the offering）的禱詞，它表達了在彌撒中，我們擁有一項無比榮幸的特權，能夠奉獻耶穌在聖週五（受難日）所奉獻的。在十字架上，耶穌獨自獻上了祂的祭獻；在彌撒中，祂邀請我們參與這

1　感恩經第二式。

祭獻，便是與教會一起做了奉獻。

> **我們以感恩的心情，**
> **獻上這具有生命的聖祭。**[2]

誠如上文所述，我們受邀將我們自己與基督的祭獻結合在一起，這就是感恩經所稱的，不僅是基督的祭獻，也是「祢教會的奉獻」（感恩經第三式）。兩種祭獻真正成為一個祭獻，因為，教會在每台彌撒中參與了基督在十字架上的自我奉獻。

禮品的象徵性也指出教會不是獨自將自己奉獻給天主，而是聯合基督的祭獻一起奉獻。讓我們回想一下，餅和酒象徵一個人的全部給予。現在，在祝聖之後，這些獻給天主的人類禮品變成了基督的聖體聖血，成為獻給天父的聖體聖血。因此，在基督內，教會參與了聖子在十字架上完全之愛的自我交付。誠如〈羅馬彌撒經書總論〉所說明的：

> 教會，特別是此時此地集合的信友團體，在紀念主的時候，藉此奉獻，在聖

神內，將這無玷的犧牲獻於天主父。教會的意願是要信友不但奉獻這無玷的犧牲，而且學習自我奉獻，如此，經由中保基督，與天主日漸契合，並彼此團結一致，最後使天主成為萬有中的萬有。[3]

為何是亞伯爾、亞巴郎、默基瑟德

感恩經第一式提到聖經中三種模式的祭獻，祈求聖父接納教會的奉獻，一如祂在古時接納亞伯爾（亞伯）、亞巴郎（亞伯拉罕）、默基瑟德（麥基洗德）的祭獻一樣：

求祢慈祥地垂視這些祭品，並欣然予以接受，
就如祢曾接受了祢的義僕亞伯爾的祭品、

2 感恩經第三式。
3 〈羅馬彌撒經書總論〉，79。

我們的信仰之父亞巴郎的祭獻，
和祢的大司祭默基瑟德所奉獻給祢的、
聖潔的祭品，無玷的犧牲。

亞伯爾、亞巴郎、默基瑟德。這些生活在基督之前數千年的古代聖經英雄人物究竟是誰？他們與此刻進行的彌撒又有什麼關係呢？他們的重要性在於，他們每一位奉獻給天主的祭品，都預示了耶穌在祂的苦難中所行的一切。當我們將自己與基督完全的自我奉獻聯合在一起時，他們每一位都指出了我們在每台彌撒中應該奉獻給天主的自我奉獻的愛。退一步想想，他們每一位向天主祭獻了什麼。

在這位神秘的、既是司祭又是國王的默基瑟德的祭獻中，我們發現了三種祭獻中最基本的奉獻，即是：他向天主奉獻了餅和酒，並祝福了亞巴郎（創世紀14章18節）。從基督信仰的最早期開始，他的祭獻就被視為基督在最後晚餐時奉獻餅和酒的預示。

我們在亞伯爾身上看到祭獻的第二層意義，他提醒我們，總是要將我們最好的奉獻給天主。加音（該隱）和亞伯爾都向天主祭獻，加音僅奉獻給天主土地的收穫，亞伯爾卻願意將最好的奉獻給上主，「獻上自己羊群中最肥美又是首生的羊」（創世紀4章4節）。天主重視亞伯爾慷慨的祭獻，卻沒有重視加音的祭獻。

在亞巴郎身上，我們發現了祭獻的第三層意義。亞巴郎所交出的遠超過餅、酒或動物。他願意將他最心愛的兒子依撒格（以撒）祭獻給天主。亞巴郎的祭獻或許比舊約中任何祭獻更能預示基督在加爾瓦略山的祭獻。〈創世紀〉第22章告訴我們亞巴郎帶著他心愛的獨生子依撒格，騎著驢子走向摩黎雅山，依撒格背著祭獻要用的木柴上山，被父親綁在木柴上準備當作贖罪祭品獻給天主。為了回應這完全順服的英勇行為，天主誓許，祂將透過亞巴郎的後裔祝福全人類。

許多世紀之後，在與亞巴郎祭獻依撒格的摩黎雅山相關的耶路撒冷城，天主父獻出了祂**所愛的唯一子**（參閱編年紀下3章1節；聖詠集76篇2節）。如同依撒格一樣，耶穌騎著驢子進入耶穌撒冷城，祂也如依撒格一樣，背著木頭十字架走上加爾瓦略山。在那裡，耶穌再次如同依撒格一般，被釘在十字架上，為了贖罪而祭獻給天主——一個在〈創世紀〉第22章裡，天主對亞巴郎所誓許的、賜給全世界祝福的祭獻。

因此，在聖週五，天主父和天主子完成了很久以前亞巴郎和依撒格所預示的，而天主對亞巴郎所誓許的將要對人類大家庭的祝福，也實現了。

代禱

在感恩經即將結束時，主祭為不同的意向代禱。首先，他為即將藉基督聖體聖血得到滋養的信友祈禱。他祈求我們「能在基督內成為一心一體」（感恩經第三式）——這也回應了聖保祿在〈格林多前書〉10章17節所說的：「因為餅只是一個，我們雖多，只是一個身體，因為我們眾人都共享這一個餅。」主祭也祈求，使我們這些參與基督祭獻的人能成為「祢永恆的祭品」（感恩經第三式）或「生活的祭品」（感恩經第四式），這也回應了聖保祿對羅馬教會的勸勉：「獻上你們的身體當作生活、聖潔和悅樂天主的祭品：這才是你們合理的敬禮。」（羅馬書12章1節）

其次，主祭為普世教會祈禱，為現任教宗、本地主教、所有主教、神職人員、全體天主子民、生者與亡者祈禱。有些代禱涵蓋了更普遍的範圍，即是為「誠意尋求祢的人」祈禱（感恩經第四式），並且祈求彌撒祭獻能「有助於整個世界的和平與得救」（感恩經第三式）。

聖三頌與大阿們

感恩經以讚美達到高峰，早在第二世紀的彌撒中便有其根源。信友不僅以普通的「阿們」回答，而是以團體性的、所謂的「大阿們」來回答——確實是如此。因為，在這神聖的時刻，禮儀邀請我們加入天上的眾天使和聖經中所有堅信天主救恩工程、並快樂地讚美祂的聖人們的行列中。

那麼，「阿們」這個字的確實意義是什麼呢？「阿們」翻譯自希伯來文 *Amen*，時常使用於禮儀場景中，宣稱剛才所說的一切都是有效的。例如：當達味唱道：「上主，以色列的天主，應受讚頌，從永遠直到永遠！」全體人民答說：「阿們，願上主受讚美！」（編年紀上 16 章 36 節）當厄斯德拉在隆重的慶典中宣讀法律書，並以讚頌上主作為結束時，全體民眾回答：「阿們，阿們。」（厄斯德拉下 8 章 6 節）聖保祿以同樣方式使用這個字（參閱羅馬書 1 章 25 節；迦拉達書 1 章 5 節；厄弗所書 3 章 21 節），他甚至以「阿們」結束他的一些書信（格林多前書 16 章 24 節；

迦拉達書6章18節)。

最值得注意的是，在參與讚美天主的天堂禮儀中，天上的天使與聖人如何高聲喊出「阿們」。在〈默示錄〉裡，天上、地上和地下的一切受造物都說：「願讚頌、尊威、光榮和權力，歸於坐在寶座上的那位和羔羊，至於無窮之世！」那四個活物就答說：「阿們！」(默示錄5章13-14節)他們似乎在說：「是的。願上主永受讚美和尊榮！」在另一場景中，天使伏俯在天主寶座前，朝拜祂，並且說：「願讚頌、光榮、智慧、稱謝、尊威、權能和勇毅，全歸於我們的天主，至於無窮之世！阿們。」(默示錄7章12節；19章4節)

在每次彌撒中，當主祭說：

全能的天主聖父，一切崇敬和榮耀，
藉著基督，偕同基督，在基督內，
並聯合聖神，都歸於祢，直到永遠。

此時，主祭便是在地上舉行的彌撒中，回應了天上的天使和聖人的讚頌。

這些讚頌之詞在聖經中有其根源。一部分出自聖保祿致羅馬教會的書信：「因為萬物都出於他，依賴他，而歸於他。願光榮歸於他至於永世！阿們。」（羅馬書11章36節）聖保祿也在〈厄弗所書〉4章3節中提到「保持心神的合一」。禮儀在此處表達了我們在彌撒中朝拜的天主聖三的本質。我們讚美全能天主的最佳方法，就是藉著、偕同、在那位在加爾瓦略山上完全交付自己的聖子內，奉獻我們的生活，並在那居住於我們心中的聖神內，團結一致。

聽見主祭宣告一切榮耀和光榮歸於天主至於永世之後，我們彷彿天使一樣做出回應，渴望加入對天主的讚美，高聲說：「阿們！」請記住，這不是普通的阿們。在這回應中，我們與救恩歷史中所有的偉大英雄人物——達味、肋未、厄斯德拉、聖保祿，以及所有天上的天使與聖人——一同永無止境地讚美天主聖三。難怪聖熱羅尼莫（St. Jerome）說，早期羅馬基督徒在彌撒中所說的阿們，「如同神聖的雷鳴，迴響在天庭[4]」。

4 Belmonte 引用熱羅尼莫〈Understanding the Mass〉163。除了聲稱天主的尊榮與光榮外，信友回答的「阿們」也是對整個感恩經的肯定。在整個感恩經中，主祭代表了教會。現在，信友對主祭所做的祈禱表示認同。因此，聖奧思定形容這大阿們是在主祭的祈禱下面簽了自己的名字。

此刻，讓我們不要隨口說出被動而無精打采的「阿們」。當主祭舉起至聖的聖體和聖爵中的聖血時，他是在向我們呈現那已親臨於我們之中的天主和我們的君王。因此，讓我們加入早期基督徒的行列，全心回應這偉大的「阿們」。讓我們此時的回應真正如同雷鳴一般，迴響於天地之間：「阿們!!」

PART 6

聖祭禮儀：領聖體禮

THE LITURGY OF THE EUCHARIST: THE COMMUNION RITE

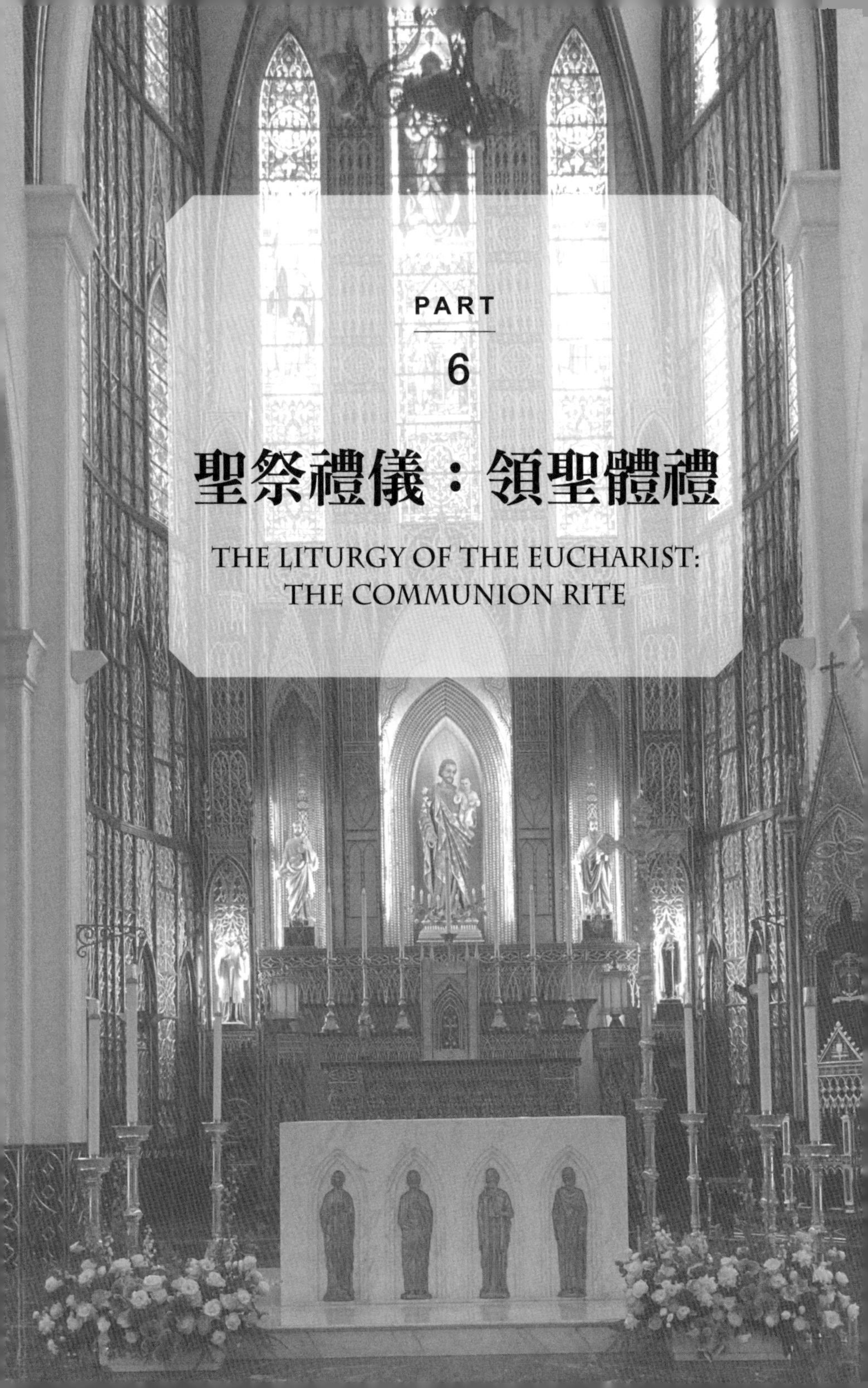

現在是最後準備時間了。餅酒已經祝聖了，建立聖體聖事的經文已經誦念了，我們的主現在真正臨在於我們面前了。

不久之後，我們就要領受耶穌的聖體聖血。彌撒的下一部分——包括〈天主經〉（主禱文）、平安禮、〈羔羊頌〉和其他的準備——這些都是為了引導我們走向即將要領受的聖體，幫助我們確實做好準備，好能領受基督的體和血。

22 天主經

我們的天父，願祢的名受顯揚；願祢的國來臨；
願祢的旨意奉行在人間，如同在天上。
求祢今天賞給我們日用的食糧；
求祢寬恕我們的罪過，如同我們寬恕別人一樣；
不要讓我們陷於誘惑；但救我們免於凶惡。

請仔細聆聽，在我們誦念〈天主經〉之前，主祭向我們說的令人驚訝的話：

我們既遵從救主的訓示，又承受祂的教導，才敢說……

你領悟到那句話的意義嗎？主祭說：「我們……才敢說……」這意思是誦念〈天主經〉需要有什麼勇氣嗎？〈天主經〉是一切基督徒禱文的基礎，是耶穌親自教導我們的祈禱（參閱瑪竇福音6章9－13節；路加福音11章1－4節），數世紀以來，信友都在彌撒中誦念它。它具有什麼挑戰性，以至於我們必須鼓起勇氣才敢誦念呢？

這段祈禱文最令人驚訝的就是，它引領我們稱天主為「父」。對古代猶太民族而言，這已經夠讓人驚訝的了。他們確實視天主為以色列子民的父親，但個人直接稱天主為父親則並不普遍。甚至，今天仍然可能有些人認為「對我而言，天主太神聖、太美善、太有能力，使我不敢稱祂為我個人的父親」。然而，這便是耶穌要我們做的。祂邀請我們認清我們天主子女的身分，以及與天主父之間奇妙的關係。無論我們多麼不完美、多麼軟弱以及罪惡深重，天主仍然是我們的父親，我們依舊是祂的子女。

或許更值得注意的是，耶穌在這禱文中所使用的「父親」一詞。假如耶穌採用自己的母語，阿拉美文，祂可能用「阿爸」（*Abba*）一字，更強調天主真的想要與我們建立密切的關係。阿爸是孩子用來表達親密和愛的名詞，如同「爹地」，新約也以「阿爸」這名詞稱呼天主（參閱馬爾谷福音14章36節；羅馬書8章15節；迦拉達書4章4-6節）。

以阿爸稱呼天主，是強調我們已經具有的與天主親密的關係。這不僅是一種比喻，因為，基督的神居住在我們內，祂的天父已經真正成為我們的父親了。誠如聖保祿所說，天主如此愛我們，祂派遣自己的兒子來為我們而死：「使我們獲得義子的地位。為證實你們確實是天主的子女，天主派遣了自己兒子的聖神，到我們心內喊說：『阿爸，父啊！』」（迦拉達書4章5-6節）

的確，全能、全善、永恆的天主已經揀選我們成為祂的子女了。儘管我們可能不是常常感到與天主親近，或不配成為祂的子女，但祂確實派遣祂的神住在我們心中，並邀請我們懷著信心與愛走近祂，真正稱祂為「我們的父」，而祂真的也是。

「我們的」

在這禱文中，「我們的」一詞極為重要。它指出，由於我們有共同的天父，因此，我們要緊密地聯合在一起。凡在基督內聯合在一起的，都是基督內真正的弟兄姊妹。在基督內，祂的父成為我們的父，而我們都是在天主盟約家庭中的天父的子女。我們不是彼此隔絕的、以自己的身分個別稱呼天主，而是，我們以祂子女的身分，同聲向祂喊說：「我們的天父。」

傳統上，〈天主經〉分為七個祈求，前三個聚焦在天主（**祢**的名，**祢**的國，**祢**的旨意），後四個則著重於我們的需要上（賜給**我們**，寬恕**我們**，帶領**我們**，拯救**我們**）。讓我們簡短地講述這七個祈求。

願祢的名受顯揚：在聖經中，天主的名與祂自己有關（參閱創世紀32章28–29節；出谷紀3章14–15節；依撒意亞52章6節）。這句禱詞所祈求的是，天主的名字能受到顯揚，即是：天主和祂的名字能被承認，並被尊為神聖的。

願祢的國來臨：先知們預言天主將復興以色列國，天主自己將統治天下萬國（參閱依撒意亞49章9–11節；52章7–10節；匝加利亞／撒迦利亞書14章9節，16–17節）。這句禱詞所祈求的是，從我們自己開始，願全世界所有的民族都能由心中接受天主的國。

願祢的旨意奉行在人間，如同在天上：這句禱詞與前兩者有關。在天上，天主的旨意得到完全的服從，祂的名受到顯揚，祂的國獲得所有天使與聖人的歡迎。

現在，我們祈求，願地上萬民以相同的方式敬拜天主，並服從祂的旨意。

求祢今天賞給我們日用的食糧：誠如我們之前所看到的，麵包是人類最基本的食物，在聖經中，它被視為維持生命的必要食物。提及麵包，並非僅讓我們想到食物或營養食品；一般而論，它也時常是維持生活的象徵。在這祈求中提到「日用的食糧」，這是指我們每日的需要。它尤其使我們想起天主在曠野裡為了維持以色列人民的生活，每天所降下的瑪納（參閱出谷紀16章14–21節）。正如天主每天從天降下他們每人所需的食糧，今天，祂同樣也繼續為我們預備我們每日的所需。最後，這祈求也暗示聖體聖事，因為祈求日用的食糧，指向我們即將要領受的聖體，我們的生命之糧。

求祢寬恕我們的罪過，如同我們寬恕別人一樣：在領聖體之前，我們祈求天主寬恕我們的罪過——潔淨我們，使我們成為神聖的聖體龕，因為耶穌即將來到，住在這裡。但只要我們尚未寬恕得罪我們的人，天主的仁慈就無法滲透我們的心（天主教教理2840）。耶穌教導我們，在我們接受天主的仁慈到達某種程度時，我們會向別人展現仁慈（參閱瑪竇福音6章14–15節；18章23–35節）。

在山中聖訓中，耶穌甚至說，有人走近祭台想要朝拜天主之前，首先他要與得罪他的弟兄和好（參閱瑪竇福音5章23-24節）。同樣地，在我們走向祭台要領聖體之前，〈天主經〉挑戰我們要原諒那些曾經得罪過我們的人，並與我們的弟兄姊妹們和好。

不要讓我們陷於誘惑：這句禱詞並非祈求避免生活中所有的試探與誘惑。聖經文字所表達的意義並不是請求天主**不要讓我們落入誘惑**，而是**不要向誘惑屈服**。在這祈求中，天主將增強我們的力量，克服我們面對的誘惑。教宗本篤十六世教導我們，在這祈求中，我們似乎在對天主說：

> 我知道，我需要試探，好使我的本性得以淨化……但，請記住，我的力量僅有這些而已。不要高估我的能力，不要將範圍設得太寬，在那裡，我可能受到誘惑。對我而言，當誘惑已經變得太大時，請以祢具有保護力的手靠近我吧[1]。

誠如聖保祿所說明的：「你們所受的試探，無非是普通人所能受的試探；天主是忠信的，他絕不許你們受那超過你們能力的試探，天主如加給人試探，也必開一條出路，叫你們能夠承擔。」（格林多前書10章13節）

但救我們免於凶惡：當我們由聖經的角度來瞭解這祈求時，我們看到，這並非祈求使自己免於一般的傷害或不幸。在聖經裡，此處「凶惡」一詞可翻譯為「惡者」。這祈求提醒我們邪惡並非抽象之事物，它不是任意發生在世界上的壞事。在這祈求裡，「凶惡」指的是有位格的具體存在者——撒旦，就是那反抗天主旨意的墮落天使，牠引導其他的人加入牠的反抗行列之中（天主教教理2851-2854）。因此，在這最後的祈求裡，我們請求天父救我們脫離撒旦的邪惡，脫離牠的謊言、作為和圈套。

平安的心，而非焦慮的心

上主，求祢從一切災禍中拯救我們，恩賜我們的時代得享平安；
更求祢大發慈悲，保佑我們脫免罪惡，並在一切困擾中，獲得平安，
使我們虔誠期待永生的幸福，和救主耶穌的來臨。

1 教宗本篤十六世著〈納匝肋人耶穌〉163。

在這裡，我們看到了〈天主經〉中最後一個祈求「但救我們免於凶惡」的詳盡敘述。主祭說：「上主，求祢從一切災禍中拯救我們，恩賜我們的時代得享平安……」此處我們憧憬的平安，遠超過一個沒有戰爭或仇恨的世界。聖經對平安（*shalom*，意即和平）的瞭解，首先且是最重要的，便是深度的個人和靈性上的平安。其意義是由於忠實於天主的盟約，而得自祂所賞賜的內在整全與幸福。當每人將自己的生命交託於上主，並遵循祂的計畫時，他們發現在自己內心就有深度的平安，透過正確的順序和與他人和諧的關係，這種內在的平安便能流入世界。

在彌撒中，我們所祈求的這種平安，在下一個祈禱中變得更加明顯。主祭祈求上主使我們脫離「罪惡」和「困擾」——這兩項煩擾、折磨人類的因素，會讓我們失去平安。假如我們向自私、傲慢、嫉妒、淫慾或貪婪妥協，我們將永遠不會幸福。我們將時常感到不安全，永無休止地尋找更多的掌控、更多的注意、更多的財富或更多的享樂；與此同時，卻不斷地擔憂將失去已經擁有的一切。

基督徒在生命中經驗恐懼，這會使他們的心失去天主的平安。我們可能會對工作狀況、堂區或家庭情況感到焦慮。我們可能會對未來或受苦感到害怕。我們可能對重大決定、對我們的經濟狀況，或別人對我們的看法感到憂心。基督徒當然應該注意我們自己的責任。但當我們的心被一些關注的事物所控制，而導致我們失去平安時，那就是我們內心有某些事物偏離了靈性目標的記號。我們並沒有在自己的生活中信靠天主。

在彌撒的此刻，主祭請求耶穌使我們脫免這些困擾，經驗到祂要賜給我們的平安。他還指出，我們在做這個祈禱時，正處於我們在這世界上所經歷的試煉與對主的來臨充滿信心的期待之間，相信屆時主會使一切事物得以圓滿。為了表達這希望，禮儀借用了保祿致信給弟鐸（提多）的話：「期待所有希望的幸福，和我們偉大的天主及救主耶穌基督光榮的顯現。」（弟鐸書2章13節）

「天下萬國，普世權威，一切榮耀，永歸於祢」

如同天上的天使一樣，信友以讚美天主來回應主祭的祈禱：

天下萬國，普世權威，
一切榮耀，永歸於祢。

新教徒有時候會把這句禱詞放在〈天主經〉的結尾，儘管它不是耶穌教給我們的祈禱文的一部分（參閱瑪竇福音6章9－13節；路加福音11章1－4節），也不適合放在天主教禮儀中與〈天主經〉一起誦念。但這句禱詞確實有聖經的根源，且在此刻的彌撒中找到它適合的地位。基本上，這句禱詞反映了天上禮儀中相同的讚頌（參閱默示錄5章12節；19章1節）。當我們誦念它時，便與一些最早期的基督徒的彌撒連結在一起。因為，這禱詞是取自宗徒時代之後，第一世紀基督徒在舉行感恩祭時，所採用的謝恩祈禱。

此外，禱詞本身可追溯到兩千多年前的舊約時代，出自達味在他王國的晚期，對天主所做的最高讚頌，這是達味作為君王的最後一個行動之一，之後他將王位傳給了他的兒子所羅門。

達味遂在全會眾面前讚頌上主說：「上主，我們的祖先以色列的天主應受讚美，從永遠直到永遠！上主！偉大、能力、榮耀、壯麗和威嚴都歸於你，因為上天下地所有的一切都是你的。上主！王權歸於你，你應受舉揚為萬有的元首。」

——編年紀29章10－11節

達味是所有君王中最負盛名者。他是最有權力與榮耀的君王，他的統治使以色列在歷史中達到極盛時期。然而，在他王國的晚期，他謙遜地承認，藉著他的統治而有的美好強盛，都來自天主。他所擁有的權力、光榮和王國，並非出於他的功績，而是來自天主的恩賜。達味說道：「啊，上主！偉大、能力、榮耀……國度都是你的。」

在每台彌撒裡，我們重複達味王的這些話。如此，我們承認天主是我們生命的主宰，並為祂賜予我們的一切祝福而讚美祂。無論我們行了什麼善事、我們經驗到怎樣的成功，最終，都是來自天主：「天下萬國，普世權威，一切榮耀，永歸於祢。」

23

平安禮

主耶穌基督，祢曾對宗徒們說：
「我將平安留給你們，將我的平安賞給你們。」
求祢不要看我們的罪過，但看祢教會的信德，
並按照祢的聖意，使教會安定團結……

在祈求了天父賜予平安之後，現在，主祭請求耶穌，想起祂在最後晚餐時對宗徒們所說的話：「我把平安留給你們，我將我的平安賜給你們。」（若望福音14章27節）

在這一節裡，耶穌繼續說明祂所賜給的平安「不像世界所賜的一樣」。

許多人尋找世上的安全與平安，那些是建立在成功、諸事順遂、逃避困難與痛苦的基礎上的平安。然而，這種平安十分脆弱，並且轉瞬即逝。它繫於容易改變的外在情況（個人的健康、工作、經濟條件、別人的看法）。將個人的生命建立在這些搖擺不定的基礎上，完全不會帶給人真正的平安，而會引起人的不安。

但耶穌賜予我們的則是更深層、更長久的平安，是世界無法給予的。當我們讓耶穌成為我們生命的基礎，並按照祂為我們的計畫而生活時，祂就賜予我們一種能承受生活中許多失望、試探與痛苦的內在、精神上的平安。這種內心的平安，也能在婚姻、家庭、團體、堂區和國家內建立真正的團結。這就是主祭在此刻的禮儀中所祈求的。他面對信友，以聖保祿在許多封書信中使用的祝福平安的問候語（羅馬書1章7節；格林多前書1章3節；迦拉達書1章3節）對他們說：「願主的平安常與你們同在。」

互祝平安

接下來便是互祝平安，它反映了古代基督徒的做法，以及聖伯多祿與聖保祿的教導：「你們要以聖吻彼此請安。」（羅馬書16章16節；格林多前書16章20節；格林多後書13章12節；得撒洛尼前書5章26節；伯多祿前書5章14節）。「聖吻」表達了早期基督徒彼此分享的弟兄之愛，適合在禮儀中採用。早在公元一五五年，殉道者猷思定已在彌撒中提到互相親吻，戴都良約在公元二〇〇年提及親吻是祈禱的印記[1]。

無論以何種方式呈現，平安禮可被視為〈天主經〉與即將來到的領聖體禮之間的連結。一方面，就如我們已經講述過的，平安禮是〈天主經〉美麗的儀式性的命令，表達了所有天主子女的團結合一。我們不是個別的、彼此隔離的呼求天主，而是如同天主盟約家庭中的弟兄姊妹般一起說：「我們的天父……」

現在，平安禮就呈現出它在禮儀中團結合一的意義了。另一方面，平安禮也以象徵性的方式，預示了當信友去領聖體時，他們彼此間深刻的合一。

1 殉道者猷思定〈First Apology〉65；戴都良〈On Prayer〉18。

24 羔羊頌：擘餅，將小塊聖體放入聖爵，以及「天主的羔羊」

彌撒的下一部分，包括我們現在要講述的三項儀式，即是：擘餅（分開聖體）、聖體聖血的摻合，及誦念〈羔羊頌〉。

擘餅

首先，主祭以象徵性的動作分開聖體，或稱為擘餅。對古代的猶太人而言，「擘餅」是代表開始用餐時的儀式，在這儀式中，一家之主拿起麵包，誦念祝福詞，掰開麵包，然後分給每位共餐者。在早期基督徒當中，這種表達具有更大的重要性，他們將分餅的動作與聖體聖事連結在一起。

❖福音中的分餅

福音記載了耶穌四次的分餅。前兩次敘述了祂以奇蹟方式增加了餅，使群眾得以飽足（參閱瑪竇福音14章19節；15章36節；馬爾谷福音6章41節；8章6節；路加福音9章16節）。〈瑪竇福音〉的敘述尤其幫助我們看到增餅奇蹟如何預示了聖體聖事。在使群眾得到飽足時，耶穌拿起餅，祝福了，擘開，將這些餅交給門徒，再由他們分給群眾（參閱瑪竇福音14章19節）。

之後，瑪竇敘述耶穌在最後晚餐建立聖體聖事——這是耶穌第三次擘餅——也採用了這四個動詞：「耶穌拿起餅來，祝福了，擘開，遞給門徒說……」（瑪竇福音26章26節；馬爾谷福音14章22節；路加福音22章19節；格林多前書11章23-24節）。透過這些直接的語詞連結，瑪竇強調出增餅奇蹟如何預示了更偉大的聖體聖事的奧蹟。在稍早的經文中，耶穌以增多的餅使眾人得到飽足。之後，祂交出了超性的餅，聖體聖事的生命食糧，滋養無數的人——即世世代代，在世界各地領受聖體的基督信徒。

耶穌第四次擘餅的相關記載，發生在另一個暗示了聖體聖事的場景中，即是：在前往厄瑪烏（以馬忤斯）的路上，復活的耶穌顯現給兩位門徒的復活節的敘述。起初，兩位門徒沒有認出與他們同行的人，就是耶穌，但當「他與他們坐下吃飯的時候，就拿起餅來，祝福了，擘開，遞給他們」（路加福音24章30節），此時，他們就認出祂了。

❖初期教會的擘餅禮

〈宗徒大事錄〉描述初期教會的信徒聚集在一起，舉行擘餅禮——誠如我們已講述過的，這個名詞與福音和保祿書信中的感恩祭有關連。早在教堂、聖殿和主教座堂建立之前，在耶路撒冷的早期基督徒就通過一起前往聖殿參加禮儀、並在家中聚會舉行擘餅禮來敬拜上主了（參閱宗徒大事錄2章46節）。同樣，幾年後，遠從耶路撒冷來的基督徒，在特洛阿跟隨保祿，在一週的第一天聚集在一起舉行擘餅禮（宗徒大事錄20章7節，11節）。聚集擘餅是如此的重要，〈宗徒大事錄〉將它列為初期教會基督徒遵循的宗徒教導，成為他們生活的四大主要特點之一，即是：一起擘餅，聆聽宗徒的教導，祈禱與團聚（參閱宗徒大事錄2章42節）。

聖保祿自己不僅使用「擘餅」一詞描述感恩祭，他還在眾多信友參與擘開同一個餅的儀式中，看到了豐富的象徵意義。對保祿而言，當我們參與基督同一身體時，就指向基督徒深刻的合一：「我們所祝福的那祝福之杯，豈不是共結合於基督的血嗎？我們所擘開的餅，豈不是共結合於基督的身體嗎？因為餅只是一個，我們雖多，只是一個身體，因為我們眾人都共享這一個餅。」（格林多前書10章16-17節）

將這全部背景牢記於心，我們就能看出主祭在彌撒中掰開聖體並非一種微不足道的儀式。它使我們想起救恩歷史中擘餅的偉大傳統——從舊約時代的猶太民族到耶穌、宗徒們和初期教會，直到今天。

將小塊聖體放入聖爵

接下來，主祭掰開聖體後，將一小塊放入聖爵內，並默念道：「願我們的主耶穌基督聖體聖血的攙合，使我們領受的人獲得永生。」

這儀式稱為聖體聖血的攙合，一度用來表示教會的合一。在羅馬，教宗將一小塊祝聖後的聖體送給城中的司鐸們，他們將這一小塊聖體放在他們的聖爵中，作為他們與羅馬主教的聯合的標記。有些人也將這儀式解釋為重現基督復活的記號。根據源自第八世紀敘利亞的觀點，在彌撒中將祝聖後的聖體擘開，象徵在耶穌的死亡中，祂的體與血的分離；然而，將一小塊聖體放入聖爵中，則表示在祂的復活中，基督的體與血的再度結合。

羔羊頌

第三步，在主祭將一小塊聖體放入聖爵的同時，信友念或唱〈羔羊頌〉：

除免世罪的天主羔羊，求祢垂憐我們。
除免世罪的天主羔羊，求祢垂憐我們。
除免世罪的天主羔羊，求祢賜給我們平安。

❖「被宰殺的羔羊」

「天主羔羊」是另一段將我們帶到天主寶座前的祈禱文。當我們誦念這些禱詞時，我們是與聖若望在〈默示錄〉中所描繪的，參與天堂禮儀的無數天使一起，朝拜那位勝利的羔羊耶穌：「我又看見，且聽見在寶座、活物和長老的四周，有許多天使的聲音，他們的數目千千萬萬，大聲喊說：『被宰殺的羔羊堪受權能、富裕、智慧、勇毅、尊威、光榮和讚頌！』」（默示錄5章11-12節）

聖若望也看見一切受造物在朝拜天主的羔羊：「我又聽見一切受造物，即天上、地上、地下和海中的萬物都說：『願讚頌、尊威、光榮和權力，歸於坐在寶座上那位和羔羊，至於無窮之世！』」（默示錄5章13節）當我們在彌撒中誦念〈羔羊頌〉時，我們便是與天上、地上的一切受造物一起朝拜天主羔羊。

稱耶穌為「除免世罪的天主羔羊」是很適合的，因為，新約揭示了耶穌是為了我們而被祭獻的新的逾越節羔羊。聖保祿稱耶穌為「我們的逾越節羔羊已被祭殺做了犧牲」（格林多前書5章7節）。〈默示錄〉稱耶穌為被宰殺的羔羊（參閱默示錄5章6節，12節；13章8節），祂的血洗淨了聖者們的衣裳（7章14節），他們甚至靠羔羊的血戰勝了撒旦（12章11節）。

〈若望福音〉尤其強調，耶穌在十字架上的死亡應該被視為「為了我們而被祭獻的逾越節羔羊」。當若望敘述兵士將一塊沾滿了醋的海綿，綁在長槍上舉到耶穌的口邊時（若望福音19章28節），這使我們聯想到，以色列人民在離開埃及前所慶祝的第一個逾越節時使用的牛膝草。那時，梅瑟命令以色列的長老宰殺逾越節羔羊後，以牛膝草沾羊血塗在他們的門框上（參閱出谷紀12章22節）。因此，我們可將耶穌的的死，視為逾越節的祭獻。

〈若望福音〉對逾越節羔羊的另一聯想，使我們注意到，當兵士將耶穌的身體由十字架上卸下之前，他們沒有按照一般確認罪犯已死的做法，打斷祂的腿（參閱若望福音19章33節）。若望指出，這是因為逾越節羔羊的骨頭應是完整而沒有殘疾的（參閱出谷紀12章46節）。

❖「請看，天主的羔羊」

然而，禱詞中「天主羔羊」這個詞，是直接來源於洗者若翰的話語。他是第一個稱耶穌為「天主的羔羊」的人（參閱若望福音1章29節，36節）。當他在約旦河施行洗禮，首次看見耶穌向他走來時，便說：「看，天主的羔羊，除免世罪者！」（若望福音1章29節）

這簡短的一句話，卻含意豐富。當洗者若翰認出耶穌就是依撒意亞先知預言的那位偉大的受苦僕人時，他說出了這句話。依撒意亞預言，有一天，天主將派遣一人拯救以色列脫離罪惡，他將「如同牽去待宰的羔羊」（依撒意亞53章7節），以受苦的方式執行祂的使命。因此，上主的僕人將承擔人們的罪過，「做了贖過祭」（依撒意亞53章10－11節）。祂的自我奉獻將具有救贖的力量，藉著祂的犧牲，眾人都得以成義（參閱依撒意亞53章13節）。

當然，一提到被宰殺的羔羊，我們立刻想到逾越節的羔羊。但在〈依撒意亞〉先知書中所提出的新觀點，是指有一個人為了眾人的罪過而交出自己的生命。因此，當洗者若翰稱耶穌為「除免世罪的天主羔羊」時，他指認耶穌不僅是逾越節羔羊，也是以色列子民長期等待的，〈依撒意亞〉第53章所指的受苦的上主僕人——那將交出自己的性命，為眾人的罪過而被宰殺的天主羔羊。

在彌撒這珍貴的時刻裡，我們誦念〈羔羊頌〉是何等適宜的呀！當主祭掰開聖體的同時，信友與洗者若翰一起承認耶穌就是〈依撒意亞〉第53章所指的羔羊僕人，祂交出自己的生命，為了眾人的罪過而被祭獻。耶穌就是那被牽去宰殺的羔羊，耶穌的祭獻使眾人成義。因此，我們稱耶穌是「天主的羔羊」，並且藉著祂的死亡，向祂說：「除免世罪的天主羔羊。」

「除免世罪的天主羔羊」重複誦念三次，這也回應了在彌撒中重複三次的禱詞，例如：念〈懺悔詞〉時，我們承認自己罪過，重複三次說：「我罪，我罪，我的重罪。」在〈垂憐經〉裡，我們三次呼求天主的憐憫。此刻，在向上主宣告了三次「聖、聖、聖」並在領聖體之前，我們祈求這位唯一能使我們脫免罪惡的天主羔羊，賜予我們仁慈與平安，祂為了我們交出自己的性命，同時也「除免了世罪」。

最後一點，〈羔羊頌〉也與〈垂憐經〉相同，包括重複的祈求「求祢垂憐我們」。在我們第三次呼求天主羔羊耶穌時，祈求「賜予憐憫」改為祈求「賜予平安」，這把〈羔羊頌〉與平安禮連結在一起，並預示了我們將要在所領受的聖體聖事中的團結合一。

25

領聖體[1]

你是否曾經想過彌撒如同一場婚禮呢？當我們一想到彌撒時，「禮儀」、「共融」、「真實臨在」或「祭獻」這類字眼便浮現在腦海中。但，為什麼是婚禮呢？然而，從教父到聖十字若望的神秘詩歌，到教宗聖若望保祿二世的神學著作，都說明了天主教的傳統時常將領聖體——禮儀的高峰——描述為我們與聖體內的耶穌，神聖的新郎，親密的結合。

藉著主祭在我們領聖體前所使用的詞句，我們能瞭解彌撒為何是婚禮：

請看，天主的羔羊：

請看，除免世罪者。

蒙召來赴聖宴的人，是有福的。

這些字句取自〈默示錄〉的高峰時刻（參閱19章9節），確實也是全部聖經的高峰。為了瞭解這些字句的完整意義，我們需要退後一步，看一看它們如何呈現在〈默示錄〉這部分的脈絡中。

「阿肋路亞」

在〈默示錄〉19章1至6節裡，我們看見有一大群人與天使和長老一起，向上主高唱一首新歌。在他們對天主的讚頌中，他們採用了四次「阿肋路亞」。這是值得注意的，因為，在希伯來舊約聖經中，多次使用這重要的禮儀性詞語「阿肋路亞」（其意義是「讚美雅威」），但在整本新約中，希臘文的同義字只用了四次，而

1 本章部分內容選自作者發表在二〇〇〇年六至八月《平信徒見證者》（*Lay Witness*）上〈新娘來了……還有羔羊〉（Here Come the Bride...and the Lamb）一文。

這四次都連續出現在這六節經文中。

〈默示錄〉中的「阿肋路亞」使我們想起舊約〈聖詠集〉中出名的讚美聖詠（113篇-118篇）。這些聖詠被稱為「讚美聖詠」，因為它們的開端和結束都採用了「阿肋路亞」一字，為天主的工程而讚美祂。有趣的是，這些讚美聖詠是猶太人在逾越節晚餐時所唱的歌。他們詠唱這些聖詠，是讚美那位拯救以色列子民脫離埃及人之手的雅威，並且祂還會再度拯救他們。這也是耶穌在祂的最後一個逾越節晚餐，即是祂建立聖體聖事的最後晚餐時所詠唱的聖詠（參閱瑪竇福音26章30節；馬爾谷福音14章26節）。

羔羊的婚宴

這個背景可能提供了一個重要的線索，讓我們瞭解〈默示錄〉19章6節四個阿肋路亞中的最後一個——這是天堂禮儀的轉折點，當時廣大的群眾因為羔羊的筵席而讚美天主：

阿肋路亞！因為我們全能的天主，上主為王了！
讓我們歡欣鼓舞，將光榮歸於他吧！
因為羔羊的婚期來近了，他的新娘也準備好了。

——默示錄19章6至7節

那時，天使對若望說：「你寫下：被召赴羔羊婚宴的人，是有福的！」（默示錄19章9節）

究竟什麼是羔羊的婚宴呢？它就是主的神聖晚餐，是聖體聖事。首先，「晚宴」和「羔羊」使我們想到逾越節晚餐，在晚餐上，猶太人宰殺一頭羔羊，作為當天晚餐的主菜，一起享用。再者，在〈默示錄〉19章1至6節裡，當我們在讚美聖詠的詠唱中（例如「阿肋路亞」）讀到有關羔羊的婚宴時，逾越節的典故就變得更明顯了。故此，這場羔羊婚宴的高峰，清晰地呈現出羔羊的婚宴便是某種形式的逾越節晚餐，在〈默示錄〉禮儀架構的光照下，我們可以將它理解為聖體聖事的新逾越節。

但這段經文還告訴我們某些更戲劇性的事。在〈默示錄〉19章6至9節裡，羔羊被稱為新郎！那意味著逾越節晚餐就是一場婚宴。新郎／羔羊就是耶穌，新娘代表我們／教會，耶穌即將來參與婚宴。的確，這是一場婚宴，在這裡，羔羊將與祂的新娘結合，象徵基督與祂的教會的最後圓滿結合（參閱默示錄21–22章；厄弗所書5章21–33節）。藉著在地上所舉行的感恩祭，我們參與了耶穌與教會的天上婚禮，並且預嘗了我們所希望的、與我們神聖的新郎在永恆中的共融。所以，當主祭說「蒙召來赴聖宴的人，是有福的」時，他回應了〈默示錄〉19章9節中，天使請大家來參加羔羊婚宴的邀請。

當你在彌撒中聽見這些話時，是否明白你收到了一份寶貴的邀請呢？你被召喚來參與耶穌與教會的喜宴。最重要的是，你並非喜宴中的普通客人，你就是新娘。當你以教會成員的身分走向祭台、前去領聖體時，你就是前來與你的新郎——耶穌——結合。

的確，聖體具有婚姻的特質。丈夫與妻子在婚姻的行為中彼此給予，以最可能的親密方式在身體上結合。同樣，我們神聖的新郎也以世上最可能的親密方式將祂自己與我們結合，就是在聖體聖事中將祂的體和血賜予我們。這便是為何領了聖體之後的傳統式感謝非常重要的原因。我們應該與我們的主一起休息，與祂交談，在我們生活的每一個層面上感謝祂，尤其是在領了聖體後，當祂住在我們靈魂內的此刻，更應如此。

沒有一位好丈夫在與妻子發生親密關係之後，立刻去察看自己的電子郵件，或去修剪草坪。當我們的新郎如此親密地住在我們內的時候，我們不應該急忙地跑去停車場、與朋友談話或去買杯咖啡和甜甜圈，此刻，是我們花幾分鐘與我們心愛的主安靜相處的時候，溫柔地注視祂，感謝祂，向祂表達我們的愛。

有鑑於此，彌撒真的是一場婚宴。如同一位渴望與自己的新郎結合為一的新娘一樣，我們的心也應熱切渴望與我們至聖的新郎結合，也就是渴望祂的聖體，以最可能的親密的聖事方式，進入我們心中。

「主，我當不起」

但我們這些有罪的人如何膽敢以人的方式走近至聖、全能的天主呢？一方面，在答覆邀請、參與聖體聖事的婚宴時，我們以禱詞承認我們全然不配領受我們的主，同時也表示我們信任耶穌對我們的召喚，並且相信祂能治癒我們：

主，我當不起祢到我心裡來，
只要祢說一句話，
我的靈魂就會痊癒。

這些話反映了羅馬百夫長的謙遜與信任，他請求耶穌到他家中，醫治他那名重病的僕人（參閱瑪竇福音8章5-13節）。身為天主盟約之外的外邦人，掌管一百名壓迫天主子民的士兵的羅馬軍官，這名百夫長謙遜地承認自己不配邀請耶穌來到他的家裡。然而，他卻表達了超過福音中許多人的極大信心，甚至讓耶穌深感驚訝。他相信，耶穌只要說一句話，就能從遠處醫治他的僕人：「你只要說一句話，我的僕人就會好的。」（瑪竇福音8章8節）耶穌稱讚這位軍官的信心。

我們應該如同這位百夫長一樣，懷著極大的謙遜和信任，前來恭領聖體。當我們承認自己不配領受聖體中的耶穌來到我靈魂的「住處」時，我們就會以**謙遜**的態度走向祂。誠如百夫長相信耶穌能醫治他的僕人，同樣，當耶穌在聖體聖事內成為我們靈魂最親密的嘉賓時，我們也**信任**祂能治癒我們。

瑪利亞的初領聖體

在結束對領聖體神聖時刻的反省之時，讓我們轉向教宗聖若望保祿二世，他曾經細心品味瑪利亞在初領聖體的情況。

首先，聖若望保祿二世注意到，懷有耶穌的瑪利亞與領聖體的信友，此二者之間的深刻關連。在某種意義上，每次當我們領聖體時，我們就變成了瑪利亞。聖若望保祿二世說道：「由於瑪利亞為了降生的天主聖言而獻出自己童貞的子宮，早在耶穌建立聖體聖事之前，她就已經生活在聖體聖事的信仰中了。」[2] 瑪利亞在自己的身體內擁有耶穌的體和血，有九個月之久；而在彌撒中，我們領受了聖事性的主耶穌的聖體聖血。聖若望保祿二世接著說：

> 在天使向瑪利亞宣報她將成為救主的母親時，她已經在身體上真實地孕育了天主子的體和血，因而預示了，在她內已領受了每位信友在某種程度上，以聖事

2 John Paul II, *Ecclesia de Eucharistia*, 55, original emphasis.

性的方式所領受的，那隱藏在餅酒外型之下的主基督的聖體聖血。[3]

其次，聖若望保祿二世也默想，瑪利亞初次聽見關於聖體聖事的事情時，她的感受又是什麼呢？她沒有參加最後晚餐，我們假定，她是從宗徒的轉述中聽到最後晚餐中所發生的一切經過：

當瑪利亞從伯多祿、若望、雅各伯和其他宗徒口中聽到耶穌在最後晚餐中所說「這是我的身體，為你們而捨棄的」（路加福音22章19節）這句話時，她有怎樣的感受呢？為我們而捨棄的身體和此時以聖事的標記臨在我們面前的基督聖體，就是在她子宮中孕育的同一身體。[4]

然後，聖若望保祿二世以優美的文詞描述聖體對童貞瑪利亞特殊的意義：「對瑪利亞而言，領受聖體必定含有在她子宮中再度歡迎與她心神合一、呼吸心跳一致的那一位的意義。」[5]

啊，何等深刻的創見！想像瑪利亞以這種方式準備自己，再度與她的兒子結合。想像在每次領聖體時，瑪利亞所給予耶穌的愛的注視。她的兒子再次住在她內，對她而言，這必定是何等令她雀躍的事啊！願瑪利亞成為我們領受聖體聖事的榜樣。讓我們祈求，我們能如同瑪利亞一樣，在每次領聖體時，熱誠地歡迎耶穌的來到。願聖體促使我們的心與基督的心一起跳動，如同瑪利亞的心完全與耶穌的心一起跳動一樣。

分送完聖體之後，主祭清洗聖爵和聖盤，及誦念〈領聖體後經〉。在這段經文中，主祭祈求聖體聖事的靈性果實，能在我們生命中產生效果[6]。與此同時，我們與我們的新郎安靜地同在，並且祈求聖體的恩寵能在我們的生活中開花結果。

3 同上，55。
4 同上，56。
5 同上，56。
6 編注：此段經文為「上主，求賜我們一顆純潔的心，以迎接我們所領受的神糧，使這暫世的飲食成為永生的良藥」（出自《感恩祭典》括弧第76頁）。

PART 7

禮成式

THE CONCLUDING RITES

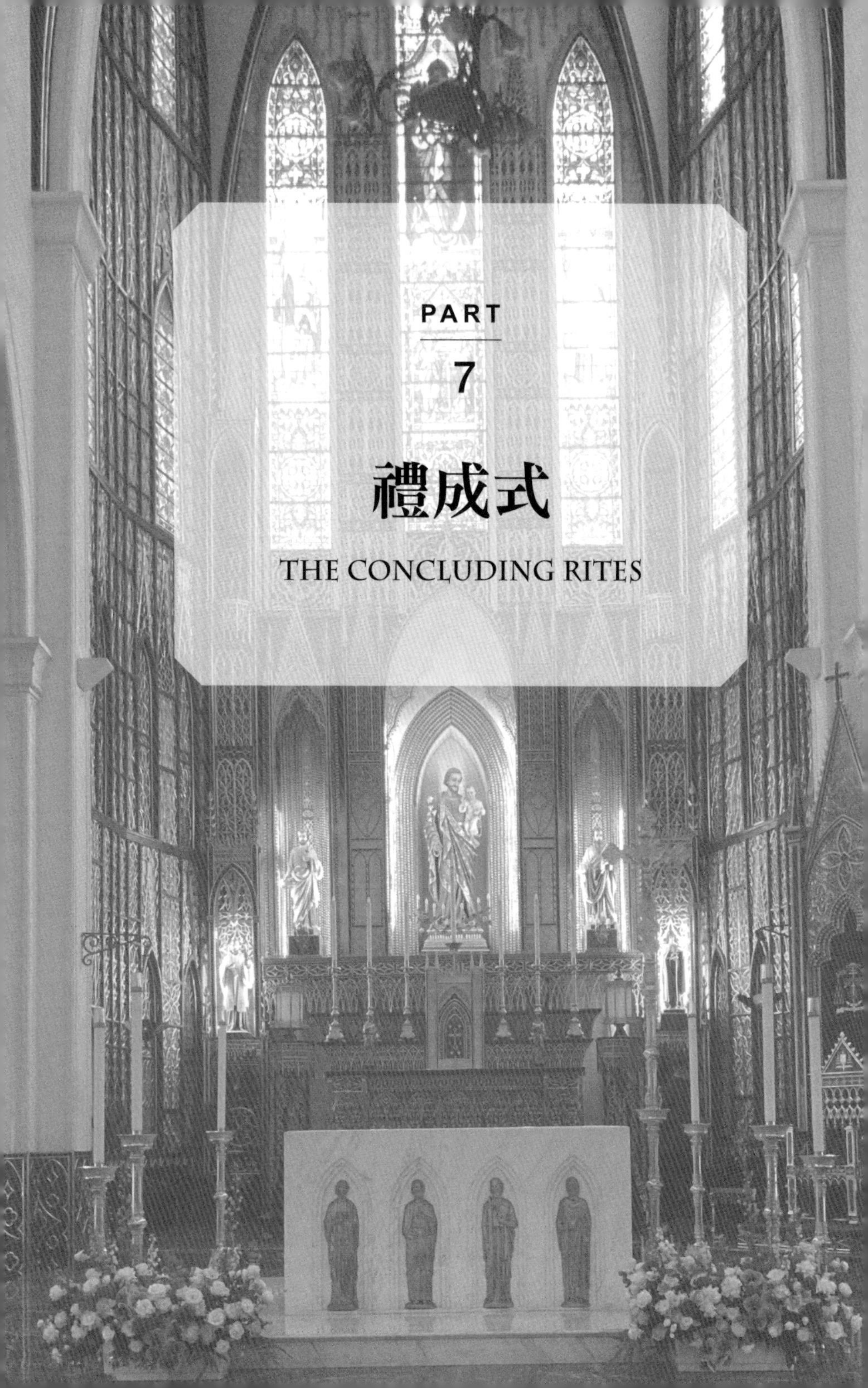

領聖體是我們參與禮儀的高峰。但就在此時突然地結束彌撒，是不適宜的。領了聖體之後，我們需要一點轉變時間，以便準備我們的靈魂走出這神聖的時空，返回每日規律的生活中。

隨著時間的轉變，早期基督徒發展出簡單的結束儀式，它正式地為禮儀劃下了句點。這儀式包括對信友的祝福和簡單的遣散。但這遣散實際上是對信友賦予一種使命的，即是，派遣信友將他們所領受的——基督的聖言和祂的臨在——帶入世界。

儘管這儀式極為簡短，但它並非彌撒的附屬儀式或事後添加的部分。禮成式是很重要的，就如我們即將看見的，整個感恩祭的常用名稱——彌撒，便是出自結束的祈禱詞。

26 問候、降福與遣散

主祭：彌撒禮成，你們平安回去吧。
信友：感謝天主。

在彌撒禮成式時，信友站立，這儀式反映了彌撒開始時的情境，即是「願主與你們同在」的問候語以及劃十字聖號。此刻，主祭因聖父、聖子、聖神之名，在劃十字聖號的同時，降福信友。

在古代的風俗習慣裡，常以正式的遣散儀式結束集會。早期基督徒覺得有必要將類似的結束儀式放入他們禮儀性的聚會中。於是，自第四世紀以來，拉丁文 *Ite missa est* 就被採用了，其字面的意義是：「解散，你們走吧。」將它運用於彌撒禮儀中時，則表示：「彌撒禮成，你們平安回去吧。」

最值得注意的是，整個禮儀的名稱「彌撒」就是取自拉丁文*missa*，其意義便是結束時的「遣散」或「派遣」，這表明了彌撒的最終目的就是派遣信徒。正如《天主教教理》所說明的，感恩祭的慶祝也稱為「神聖的彌撒」（*Missa*），「如此稱之，因為這實現救恩奧蹟的禮儀，在結束時派遣（*mssio*）信友，好使他們在日常生活裡，實踐天主的旨意」（1332）。

耶穌告訴宗徒：「就如父派遣了我，我也同樣派遣你們。」（若望福音20章21節）天父派遣聖子來到世界上，為我們的罪而死，使我們分享祂神聖的生命。正如我們已經看到的，耶穌的苦難、死亡與復活的整個逾越奧蹟，就在感恩祭中臨現於我們面前，好使我們更深刻地融入耶穌的生命與使命中。聖體聖事將我們與耶穌結合得愈深，我們愈能在周遭世界中反映出祂的生命與愛。

因此，彌撒禮儀的結束，並非漫無目的的遣散，而是賦予使命的遣散。是派遣天主子民將基督的奧蹟帶入世界。

致謝

我衷心感謝許多神職人員、修會會士、FOCUS青年團的宣教士們、與我一起研讀聖經的世界各地的大學生，以及在過去二十年中，在各種不同環境中所舉行的彌撒。有些洞見得自一趟趟透過禮儀的聖經之旅，它們都已經呈現於本書的字裡行間了。

感謝出版社的同仁，為本書及為了堂區信仰培育和小組而製作的影片，感謝他們在此過程中所投入的辛勞。

柯迪斯．米契（Curtis Mitch）和奧德麗．希絲（Aurdree Heath）對本書所提供的有力回饋，也是我所感謝的。

最後，我要深深感謝我的妻子伊莉莎白，在這整個計畫中（以及在養育孩子的過程中），她的忍耐與鼓勵，確實是極大的祝福。

國家圖書館出版品預行編目資料

在彌撒中與耶穌相遇：從進堂到禮成，感恩祭的聖經巡禮 / 艾德華.斯里(Edward Sri)著；譚璧輝譯. -- 初版. -- 臺北市：啟示出版：英屬蓋曼群島商家庭傳媒股份有限公司城邦分公司發行, 2024.09
面；　公分. -- (SOUL 系列；65)

譯自：A Biblical Walk Through The Mass : Understanding What We Say And Do In The Liturgy

ISBN 978-626-7257-51-7(平裝)

1.CST: 天主教　2.CST: 禮儀

244.5　　113011495

線上版讀者回函卡

Talent系列65

在彌撒中與耶穌相遇：從進堂到禮成，感恩祭的聖經巡禮

作　　者／艾德華・斯里 Edward Sri
譯　　者／譚璧輝
企畫選書人／周品淳
總　編　輯／彭之琬
責任編輯／周品淳

版　　權／吳亭儀、江欣瑜
行銷業務／周佑潔、周佳葳、林詩富、吳藝佳
總　經　理／彭之琬
事業群總經理／黃淑貞
發　行　人／何飛鵬
法律顧問／元禾法律事務所王子文律師
出　　版／啟示出版
台北市南港區昆陽街 16 號 4 樓
電話：(02) 25007008　傳真：(02)25007759
E-mail:bwp.service@cite.com.tw
發　　行／英屬蓋曼群島商家庭傳媒股份有限公司城邦分公司
台北市南港區昆陽街 16 號 5 樓
書虫客服服務專線：02-25007718；25007719
服務時間：週一至週五上午09:30-12:00；下午13:30-17:00
24小時傳真專線：02-25001990；25001991
劃撥帳號：19863813；戶名：書虫股份有限公司
讀者服務信箱：service@readingclub.com.tw
城邦讀書花園：www.cite.com.tw
香港發行所／城邦（香港）出版集團有限公司
香港九龍土瓜灣土瓜灣道86號順聯工業大廈6樓A室
電話：(852)25086231　傳真：(852)25789337　E-MAIL：hkcite@biznetvigator.com
馬新發行所／城邦（馬新）出版集團【Cite (M) Sdn Bhd】
41, Jalan Radin Anum, Bandar Baru Sri Petaling, 57000 Kuala Lumpur, Malaysia.
電話：(603) 90578822　傳真：(603) 90576622
Email: cite@cite.com.my

封面設計／李東記
排　　版／芯澤有限公司
印　　刷／韋懋印刷事業有限公司

■2024 年 9月19日初版　　Printed in Taiwan

定價400元

城邦讀書花園
www.cite.com.tw

ASCENSION

著作權所有，翻印必究　ISBN 978-626-7257-51-7　　978-626-7257-50-0（EPUB）